Édition bilingue audio
ANGLAIS-FRANÇAIS

*Pour écouter la lecture de ce livre
dans sa version anglaise ou dans sa traduction française
scannez le code en début de chapitre
avec votre téléphone portable ou tablette*

Roman
Littérature américaine

Titre original :
THE ASPERN PAPERS

Traduction française :
Jean-Maurice Le Corbeiller

Lecture en anglais :
Nicholas Clifford

Lecture en français :
Daniel Luttringer

ISBN : 978-2-37808-012-9
© L'Accolade Éditions, 2017

HENRY JAMES

LES PAPIERS d'Aspern

1

I had taken Mrs. Prest into my confidence; in truth without her I should have made but little advance, for the fruitful idea in the whole business dropped from her friendly lips.

It was she who invented the short cut, who severed the Gordian knot.

It is not supposed to be the nature of women to rise as a general thing to the largest and most liberal view—I mean of a practical scheme; but it has struck me that they sometimes throw off a bold conception—such as a man would not have risen to—with singular serenity. "Simply ask them to take you in on the footing of a lodger"—I don't think that unaided I should have risen to that. I was beating about the bush, trying to be ingenious, wondering by what combination of arts I might become an acquaintance,

1

J'avais mis Mrs. Prest dans ma confidence : à la vérité, sans elle, j'aurais bien peu avancé mes affaires, car l'idée féconde qui conduisit toute l'entreprise me vint par ses lèvres amies.

Ce fut elle qui découvrit le raccourci et trancha le nœud gordien.

En général, on ne croit pas qu'il soit facile aux femmes de s'élever à une vue large et libre des choses — des choses à faire —, mais elles lancent parfois telle conception hardie (devant laquelle un homme aurait reculé) avec une sérénité singulière : « Faites-vous tout simplement prendre chez elles en qualité de pensionnaire. » Je crois que, livré à moi-même, j'aurais reculé devant cela. Je tournais en rond, m'essayant à être ingénieux, rêvant aux combinaisons qui me permettraient de faire leur connaissance,

when she offered this happy suggestion that the way to become an acquaintance was first to become an inmate. Her actual knowledge of the Misses Bordereau was scarcely larger than mine, and indeed I had brought with me from England some definite facts which were new to her. Their name had been mixed up ages before with one of the greatest names of the century, and they lived now in Venice in obscurity, on very small means, unvisited, unapproachable, in a dilapidated old palace on an out-of-the-way canal: this was the substance of my friend's impression of them.

She herself had been established in Venice for fifteen years and had done a great deal of good there; but the circle of her benevolence did not include the two shy, mysterious and, as it was somehow supposed, scarcely respectable Americans (they were believed to have lost in their long exile all national quality, besides having had, as their name implied, some French strain in their origin), who asked no favors and desired no attention. In the early years of her residence she had made an attempt to see them, but this had been successful only as regards the little one, as Mrs. Prest called the niece; though in reality as I afterward learned she was considerably the bigger of the two.

quand elle suggéra si heureusement que le moyen de faire leur connaissance était de pénétrer dans leur intimité. Elle n'en savait guère plus long que moi sur les demoiselles Bordereau ; je puis même dire que j'avais acquis en Angleterre plusieurs renseignements précis qu'elle ignorait. Leur nom avait été associé, bien des années auparavant, à l'un des plus grands noms du siècle, et maintenant elles vivaient obscurément à Venise, avec de très modestes ressources, sans relations, volontairement séquestrées dans un vieux palais croulant et solitaire : telle était, en résumé, l'impression que mon amie avait d'elles.

Elle-même était établie à Venise depuis une quinzaine d'années et y avait fait beaucoup de bien ; mais le rayonnement de sa bienfaisance n'avait jamais atteint les deux timides, mystérieuses et, ainsi qu'on se permettait de le supposer, tout juste respectables Américaines qui ne demandaient pas de faveurs et ne souhaitaient pas attirer l'attention.

On semblait croire qu'elles avaient, au cours de leur long exil, perdu toute attache avec leur pays, étant d'ailleurs, comme l'impliquait leur nom, de lointaine filiation française. Dans les premiers temps de son séjour, Mrs. Prest avait une fois tenté de les voir, mais n'avait réussi à approcher que la « petite », ainsi qu'elle appelait la nièce (bien qu'en fait, je découvris ensuite qu'elle était, du point de vue de la taille, la plus grande des deux).

She had heard Miss Bordereau was ill and had a suspicion that she was in want; and she had gone to the house to offer assistance, so that if there were suffering (and American suffering), she should at least not have it on her conscience. The "little one" received her in the great cold, tarnished Venetian sala, the central hall of the house, paved with marble and roofed with dim crossbeams, and did not even ask her to sit down. This was not encouraging for me, who wished to sit so fast, and I remarked as much to Mrs. Prest. She however replied with profundity, "Ah, but there's all the difference: I went to confer a favor and you will go to ask one. If they are proud you will be on the right side." And she offered to show me their house to begin with—to row me thither in her gondola. I let her know that I had already been to look at it half a dozen times; but I accepted her invitation, for it charmed me to hover about the place.

I had made my way to it the day after my arrival in Venice (it had been described to me in advance by the friend in England to whom I owed definite information as to their possession of the papers), and I had besieged it with my eyes while I considered my plan of campaign. Jeffrey Aspern had never been in it that I knew of; but some note of his voice seemed to abide there by a roundabout implication, a faint reverberation.

Elle avait entendu dire que miss Bordereau était malade et, la soupçonnant dans le besoin, elle s'était rendue au vieux palais pour offrir son aide afin que s'il y avait là quelque souffrance, spécialement quelque souffrance américaine, sa conscience n'eût rien à lui reprocher. La « petite » l'avait reçue dans la grande sala vénitienne froide et ternie, pièce centrale de la maison, au pavé de marbre et au plafond de poutres à peine visibles, et ne lui avait même pas demandé de s'asseoir. Ceci n'était pas encourageant pour moi qui désirais fréquenter ce foyer, et j'en fis la remarque à Mrs. Prest. Elle répondit, toutefois, avec profondeur : « Ah ! mais il y a une grande différence : j'allais leur imposer mes faveurs, et vous allez leur en demander une. Si elles sont fières, vous tenez le bon bout. » Et pour commencer, elle m'offrit de me montrer leur maison, de m'y mener dans sa gondole. Tout en lui laissant entendre que j'avais déjà été la voir une demi-douzaine de fois, j'acceptai son invitation, car c'était un enchantement pour moi de hanter ces lieux.

J'en avais trouvé le chemin le lendemain de mon arrivée à Venise ; la description m'en avait été faite auparavant, en Angleterre, par l'ami auquel je devais des renseignements précis concernant la possession des papiers. Je l'avais assiégée de tous mes yeux, tout en dressant mes plans de campagne. Jeffrey Aspern, à ma connaissance, n'y avait jamais mis les pieds ; mais, par la grâce d'une hypothèse alambiquée, j'y croyais entendre quelque écho mourant de sa voix.

Mrs. Prest knew nothing about the papers, but she was interested in my curiosity, as she was always interested in the joys and sorrows of her friends. As we went, however, in her gondola, gliding there under the sociable hood with the bright Venetian picture framed on either side by the movable window, I could see that she was amused by my infatuation, the way my interest in the papers had become a fixed idea. "One would think you expected to find in them the answer to the riddle of the universe," she said; and I denied the impeachment only by replying that if I had to choose between that precious solution and a bundle of Jeffrey Aspern's letters I knew indeed which would appear to me the greater boon.

She pretended to make light of his genius, and I took no pains to defend him. One doesn't defend one's god: one's god is in himself a defense. Besides, today, after his long comparative obscuration, he hangs high in the heaven of our literature, for all the world to see; he is a part of the light by which we walk. The most I said was that he was no doubt not a woman's poet: to which she rejoined aptly enough that he had been at least Miss Bordereau's. The strange thing had been for me to discover in England that she was still alive: it was as if I had been told Mrs. Siddons was,

Mrs. Prest ne savait rien des papiers, mais s'intéressait à ma curiosité, comme à toutes les joies et tous les chagrins de ses amis. Tandis que nous allions, glissant dans sa gondole, l'étincelant tableau vénitien s'encadrant à droite et à gauche dans la petite fenêtre mobile, je vis que mon ardeur l'amusait vraiment beaucoup et qu'elle considérait mon intérêt dans un butin possible comme un beau cas de monomanie. « À vous voir, on croirait que vous vous attendez à tirer de là la solution du problème de l'univers », disait-elle ; et je repoussais cette accusation en répliquant seulement que, si j'avais à choisir entre cette solution précieuse et un paquet des lettres de Jeffrey Aspern, je savais ce qui me paraîtrait le gain le plus précieux.

Elle affecta de traiter légèrement son génie et je ne pris aucune peine pour le défendre. On ne défend pas son dieu : son dieu est par soi-même sa propre défense. D'ailleurs, aujourd'hui, après sa longue période d'obscurité relative, il brille haut au firmament de notre littérature, ainsi que chacun peut le voir ; il est une part de la lumière qui éclaire notre chemin. Tout ce que j'en dis fut que, sans doute, ce n'était pas un poète de femmes ; ce à quoi elle répondit assez heureusement qu'il avait été au moins celui de miss Bordereau. Ce qui m'avait paru le plus étrange, en Angleterre, avait été de découvrir qu'elle vivait encore : c'était comme si on m'en avait dit autant de Mrs. Siddons,

or Queen Caroline, or the famous Lady Hamilton, for it seemed to me that she belonged to a generation as extinct.

"Why, she must be tremendously old—at least a hundred," I had said; but on coming to consider dates I saw that it was not strictly necessary that she should have exceeded by very much the common span. Nonetheless she was very far advanced in life, and her relations with Jeffrey Aspern had occurred in her early womanhood. "That is her excuse," said Mrs. Prest, half-sententiously and yet also somewhat as if she were ashamed of making a speech so little in the real tone of Venice. As if a woman needed an excuse for having loved the divine poet! He had been not only one of the most brilliant minds of his day (and in those years, when the century was young, there were, as everyone knows, many), but one of the most genial men and one of the handsomest.

The niece, according to Mrs. Prest, was not so old, and she risked the conjecture that she was only a grandniece. This was possible; I had nothing but my share in the very limited knowledge of my English fellow worshipper John Cumnor, who had never seen the couple. The world, as I say, had recognized Jeffrey Aspern, but Cumnor and I had recognized him most.

de la reine Caroline, ou de la fameuse Lady Hamilton, car il me semblait qu'elle appartenait à une génération aussi totalement éteinte que celle-là.

« Mais elle doit être fabuleusement vieille, au moins centenaire », avais-je dit tout d'abord. Ayant ensuite compulsé les dates, je me rendis compte qu'elles ne l'y obligeaient pas rigoureusement, qu'elles lui permettaient en somme de ne pas excéder de beaucoup la commune mesure. Néanmoins, elle était d'âge vénérable, et ses relations avec Jeffrey Aspern dataient de sa première jeunesse. « C'est son excuse », dit Mrs. Prest légèrement sentencieuse et cependant aussi honteuse de proférer une phrase si peu dans le véritable ton de Venise. Comme si une femme avait besoin d'excuse pour avoir aimé le divin poète ! Il n'avait pas seulement été un des esprits les plus brillants de son temps (et dans son temps, quand le siècle était jeune, il y en avait, comme chacun sait, un grand nombre), mais l'un des hommes de plus de génie, et l'un des plus beaux.

Sa nièce, d'après Mrs. Prest, était d'une antiquité moins reculée et nous risquâmes la conjecture qu'elle n'était peut-être que sa petite-nièce. C'était possible. Je n'avais que tout juste ma part dans la maigre somme de connaissances du sujet possédée par mon coreligionnaire anglais John Cumnor, qui n'avait jamais vu le couple. Le monde, ainsi que je l'ai dit, avait reconnu le talent de Jeffrey Aspern, mais Cumnor et moi l'avions reconnu davantage.

The multitude, today, flocked to his temple, but of that temple he and I regarded ourselves as the ministers. We held, justly, as I think, that we had done more for his memory than anyone else, and we had done it by opening lights into his life. He had nothing to fear from us because he had nothing to fear from the truth, which alone at such a distance of time we could be interested in establishing.

His early death had been the only dark spot in his life, unless the papers in Miss Bordereau's hands should perversely bring out others. There had been an impression about 1825 that he had "treated her badly," just as there had been an impression that he had "served," as the London populace says, several other ladies in the same way. Each of these cases Cumnor and I had been able to investigate, and we had never failed to acquit him conscientiously of shabby behavior. I judged him perhaps more indulgently than my friend; certainly, at any rate, it appeared to me that no man could have walked straighter in the given circumstances. These were almost always awkward. Half the women of his time, to speak liberally, had flung themselves at his head, and out of this pernicious fashion many complications, some of them grave, had not failed to arise.

Aujourd'hui les foules affluaient à son temple, mais, de ce temple, lui et moi nous nous considérions les prêtres *consacrés*. Nous maintenions, et justement, je le crois, que nous avions fait plus que quiconque pour sa mémoire, et nous l'avions fait simplement en ouvrant des fenêtres sur quelques phases de son existence. Il n'avait rien à craindre de nous, n'ayant rien à craindre de la vérité, qui seule, après tant d'années écoulées, était intéressante à établir.

Sa mort précoce était, ce semble, la seule tache qui ternît sa gloire, à moins que les papiers demeurés entre les mains de miss Bordereau n'eussent la perversité d'en ramener d'autres au jour. Il y avait eu comme une impression, vers 1825, qu'il s'était « mal conduit » envers elle, de même qu'il y avait une impression qu'il avait « servi » — selon l'expression populacière de Londres — plusieurs autres dames de la même façon cavalière. Cumnor et moi avions pu tirer au clair chacun de ces cas et nous n'avions jamais manqué de l'acquitter, en conscience, de toute grossièreté. Peut-être le jugeais-je avec plus d'indulgence que mon ami : du moins, il me semblait certain qu'aucun homme n'aurait pu marcher plus droit, étant donné les circonstances. Celles-là, presque toujours, avaient été dangereuses et difficiles. La moitié de ses contemporaines — j'exagère un peu — s'était jetée à sa tête, et, tandis que l'épidémie faisait rage — elle faisait d'autant plus rage qu'elle était très contagieuse —, quelques accidents, dont plusieurs graves, n'avaient pas manqué d'arriver.

He was not a woman's poet, as I had said to Mrs. Prest, in the modern phase of his reputation; but the situation had been different when the man's own voice was mingled with his song. That voice, by every testimony, was one of the sweetest ever heard. "Orpheus and the Maenads!" was the exclamation that rose to my lips when I first turned over his correspondence. Almost all the Maenads were unreasonable, and many of them insupportable; it struck me in short that he was kinder, more considerate than, in his place (if I could imagine myself in such a place!) I should have been.

It was certainly strange beyond all strangeness, and I shall not take up space with attempting to explain it, that whereas in all these other lines of research we had to deal with phantoms and dust, the mere echoes of echoes, the one living source of information that had lingered on into our time had been unheeded by us. Every one of Aspern's contemporaries had, according to our belief, passed away; we had not been able to look into a single pair of eyes into which his had looked or to feel a transmitted contact in any aged hand that his had touched. Most dead of all did poor Miss Bordereau appear, and yet she alone had survived.

Comme je l'avais dit à Mrs. Prest, il n'avait pas été un poète de femmes dans la phase récente de sa célébrité, mais la situation était différente quand sa propre voix se mêlait à ses chants. Cette voix, d'après tous les témoignages, avait été l'une des plus séduisantes qui se soient jamais fait entendre. « Orphée et les Ménades », tel avait été, bien entendu, mon jugement plein de prévention quand, pour la première fois, je feuilletai sa correspondance. Presque toutes ses Ménades étaient déraisonnables, et beaucoup insupportables. Je ne puis m'empêcher de penser qu'il avait montré une bonté et une patience qu'à sa place — si je me pouvais jamais imaginer pris à un pareil piège — j'aurais été bien incapable d'imiter.

C'était certainement une chose étrange au-delà des plus étranges (et je ne vais pas remplir des pages à essayer de l'expliquer) que pour l'étude de ses autres liaisons, et dans toutes les autres directions où avaient porté nos recherches, nous n'avions eu affaire qu'à des fantômes ou à des cendres (purs échos d'échos évanouis), tandis que l'unique source vivante d'information ayant duré jusqu'à nos jours n'avait pas attiré notre attention. Tous les contemporains d'Aspern avaient disparu, nous le croyions fermement. Nous n'avions jamais pu plonger nos yeux dans des yeux où les siens se fussent reflétés, ou sentir son contact transmis par quelque main vieillie que la sienne aurait touchée. La plus morte parmi les morts semblait être la pauvre miss Bordereau, et cependant elle seule avait survécu.

We exhausted in the course of months our wonder that we had not found her out sooner, and the substance of our explanation was that she had kept so quiet. The poor lady on the whole had had reason for doing so. But it was a revelation to us that it was possible to keep so quiet as that in the latter half of the nineteenth century—the age of newspapers and telegrams and photographs and interviewers.

And she had taken no great trouble about it either: she had not hidden herself away in an undiscoverable hole; she had boldly settled down in a city of exhibition. The only secret of her safety that we could perceive was that Venice contained so many curiosities that were greater than she.

And then accident had somehow favored her, as was shown for example in the fact that Mrs. Prest had never happened to mention her to me, though I had spent three weeks in Venice—under her nose, as it were—five years before. Mrs. Prest had not mentioned this much to anyone; she appeared almost to have forgotten she was there. Of course she had not the responsibilities of an editor. It was no explanation of the old woman's having eluded us to say that she lived abroad, for our researches had again and again taken us (not only by correspondence but by personal inquiry)

À mesure que les mois s'écoulèrent, nous épuisâmes notre étonnement de ne pas l'avoir découverte plus tôt, et, en substance, nous expliquâmes tout par le fait qu'elle s'était tenue tellement tranquille. En somme, la pauvre dame avait eu ses raisons pour agir ainsi. Mais c'était une révélation pour nous que l'effacement, à un tel degré, eût été possible dans la dernière moitié du XIXe siècle — dans le siècle du journalisme, du télégraphe, des photographes et des interviewers.

Elle n'avait pas pris grand-peine, d'ailleurs, ne s'était pas cachée dans quelque coin introuvable ; elle s'était hardiment installée dans une ville exposée à tous les regards. La seule raison apparente de sa sécurité était que Venise contenait tant d'autres curiosités plus considérables !

Puis la chance l'avait favorisée quelque peu, comme il appert du fait qu'il n'était jamais arrivé à Mrs. Prest de la nommer devant moi, bien que j'eusse passé trois semaines à Venise — sous son nez, pour ainsi dire — cinq ans auparavant. Mon amie, il est vrai, ne l'avait guère nommée à personne ; elle semblait presque avoir oublié la persévérance à vivre de miss Bordereau. Bien entendu, Mrs. Prest n'avait pas les nerfs d'un écrivain. Tout de même, ça n'était pas expliquer comment il se faisait que la bonne femme nous eût échappé que de dire qu'elle avait vécu à l'étranger, car maintes fois nos recherches nous avaient entraînés — non pas seulement par correspondance, mais par enquêtes personnelles —

to France, to Germany, to Italy, in which countries, not counting his important stay in England, so many of the too few years of Aspern's career were spent. We were glad to think at least that in all our publishings (some people consider I believe that we have overdone them), we had only touched in passing and in the most discreet manner on Miss Bordereau's connection. Oddly enough, even if we had had the material (and we often wondered what had become of it), it would have been the most difficult episode to handle.

The gondola stopped, the old palace was there; it was a house of the class which in Venice carries even in extreme dilapidation the dignified name. "How charming! It's gray and pink!" my companion exclaimed; and that is the most comprehensive description of it. It was not particularly old, only two or three centuries; and it had an air not so much of decay as of quiet discouragement, as if it had rather missed its career. But its wide front, with a stone balcony from end to end of the piano nobile or most important floor, was architectural enough, with the aid of various pilasters and arches; and the stucco with which in the intervals it had long ago been endued was rosy in the April afternoon.

en France, en Allemagne, en Italie, toutes contrées où, sans compter son long séjour en Angleterre, un si grand nombre des trop courtes années d'Aspern s'étaient passées. Nous étions heureux, au moins, de penser qu'à travers toutes nos reconstitutions (je sais qu'il y a des gens qui trouvent que nous les avons surfaites), nous avions seulement en passant, et de la façon la plus discrète, abordé la liaison avec miss Bordereau. Chose assez curieuse, même si nous eussions possédé les matériaux nécessaires, et nous nous étions souvent demandé ce qu'ils pouvaient bien être devenus, cet épisode aurait été le plus difficile à traiter.

La gondole s'arrêta, le vieux palais était devant nous ; c'était une de ces maisons qui, à Venise, portent ce noble nom jusque dans la plus extrême décrépitude. « Que c'est joli ! ce gris et rose ! » s'écria ma compagne ; c'était la description la plus juste qu'on en pût faire. Le palais n'était pas remarquable par son ancienneté, il datait seulement de deux ou trois cents ans ; et sa vue ne donnait pas tant l'idée de décadence que celle d'un découragement paisible, comme s'il avait en quelque sorte manqué sa carrière. Mais sa large façade, avec son balcon de pierre régnant d'un bout à l'autre du *piano nobile* — ou premier étage — avait une bonne allure architecturale grâce à ses pilastres et ses arcades diverses ; et le stuc, dont ses murs avaient autrefois été enduits, était d'un ton rosé en cet après-midi d'avril.

It overlooked a clean, melancholy, unfrequented canal, which had a narrow riva or convenient footway on either side. "I don't know why—there are no brick gables," said Mrs. Prest, "but this corner has seemed to me before more Dutch than Italian, more like Amsterdam than like Venice. It's perversely clean, for reasons of its own; and though you can pass on foot scarcely anyone ever thinks of doing so. It has the air of a Protestant Sunday. Perhaps the people are afraid of the Misses Bordereau. I daresay they have the reputation of witches."

I forget what answer I made to this—I was given up to two other reflections. The first of these was that if the old lady lived in such a big, imposing house she could not be in any sort of misery and therefore would not be tempted by a chance to let a couple of rooms. I expressed this idea to Mrs. Prest, who gave me a very logical reply. "If she didn't live in a big house how could it be a question of her having rooms to spare? If she were not amply lodged herself you would lack ground to approach her. Besides, a big house here, and especially in this quartier perdu, proves nothing at all: it is perfectly compatible with a state of penury.

Il donnait sur un canal propre et mélancolique, plutôt solitaire, aux deux côtés duquel courait une étroite *riva* — petit trottoir commode aux gens de pied. « Je ne sais pourquoi… il n'y a pas de pignons de briques, dit Mrs. Prest, mais ce coin m'a déjà paru plus hollandais qu'italien, plutôt d'Amsterdam que de Venise. Il est anormalement propre pour quelque raison personnelle ; et, bien qu'il soit possible d'y passer à pied, c'est à peine si quelqu'un pense jamais à le faire. C'est aussi négatif — étant donné le lieu — qu'un dimanche protestant. Peut-être que les gens ont peur des demoiselles Bordereau. Je suppose qu'elles ont la réputation de sorcières. »

J'oublie quelle fut ma réponse. J'étais absorbé par deux préoccupations : la première était que, si la vieille dame habitait une maison si grande et si imposante, elle ne pouvait guère être dans la misère et par conséquent ne se laisserait pas tenter par l'occasion de louer deux chambres. J'exprimai cette crainte à Mrs. Prest, qui me donna une réponse des plus positives : « Si elle n'habitait pas une grande maison, comment pourrait-il être question qu'elle ait des pièces de trop ? Si elle n'était pas grandement logée, vous manqueriez de terrain pour l'approcher. D'ailleurs, une grande maison ici, et particulièrement dans ce quartier perdu, ne prouve rien du tout : cela marche très bien de pair avec un état de pénurie.

Dilapidated old palazzi, if you will go out of the way for them, are to be had for five shillings a year. And as for the people who live in them — no, until you have explored Venice socially as much as I have you can form no idea of their domestic desolation. They live on nothing, for they have nothing to live on."

The other idea that had come into my head was connected with a high blank wall which appeared to confine an expanse of ground on one side of the house. Blank I call it, but it was figured over with the patches that please a painter, repaired breaches, crumblings of plaster, extrusions of brick that had turned pink with time; and a few thin trees, with the poles of certain rickety trellises, were visible over the top. The place was a garden, and apparently it belonged to the house. It suddenly occurred to me that if it did belong to the house I had my pretext.

I sat looking out on all this with Mrs. Prest (it was covered with the golden glow of Venice) from the shade of our felze, and she asked me if I would go in then, while she waited for me, or come back another time. At first I could not decide — it was doubtless very weak of me. I wanted still to think I MIGHT get a footing, and I was afraid to meet failure, for it would leave me, as I remarked to my companion, without another arrow for my bow.

Les vieux palais croulants, si vous vous en contentez, dans les quartiers excentriques vous pouvez les avoir pour cinq shillings par an. Et quant aux gens qui y habitent, non, non, jusqu'à ce que vous ayez exploré Venise, socialement parlant, autant que moi, vous ne pouvez vous faire aucune idée de leur désolation domestique ; ils vivent de rien, car ils n'ont rien pour vivre. »

La seconde idée qui m'était venue concernait un grand mur nu qui semblait borner un terrain vide le long d'un des côtés de la maison. Je le qualifie de nu, mais il présentait du haut en bas des taches à ravir un peintre, des brèches réparées, des plâtres croulants, des briques à demi déchaussées, devenues roses avec le temps ; quelques arbres maigres et des supports de treillages délabrés apparaissaient au-dessus de la crête. Ce terrain vide était un jardin et, apparemment, dépendait de la maison. Je sentis soudainement que cette dépendance me fournissait le prétexte cherché. Je demeurais là, dans l'ombre de notre *felze*, regardant avec Mrs. Prest tout ce décor, baigné de la lumière dorée de Venise, et elle me demanda si j'allais entrer maintenant ou si je reviendrais un autre jour.

D'abord, je ne pus me décider ; c'était, sans doute, une faiblesse de ma part. Je voulais encore espérer que je découvrirais un autre moyen d'accès ; je redoutais un insuccès, car en ce cas, ainsi que je le fis remarquer à ma compagne, je n'aurais plus une corde à mon arc.

"Why not another?" she inquired as I sat there hesitating and thinking it over; and she wished to know why even now and before taking the trouble of becoming an inmate (which might be wretchedly uncomfortable after all, even if it succeeded), I had not the resource of simply offering them a sum of money down. In that way I might obtain the documents without bad nights.

"Dearest lady," I exclaimed, "excuse the impatience of my tone when I suggest that you must have forgotten the very fact (surely I communicated it to you) which pushed me to throw myself upon your ingenuity. The old woman won't have the documents spoken of; they are personal, delicate, intimate, and she hasn't modern notions, God bless her! If I should sound that note first I should certainly spoil the game. I can arrive at the papers only by putting her off her guard, and I can put her off her guard only by ingratiating diplomatic practices. Hypocrisy, duplicity are my only chance. I am sorry for it, but for Jeffrey Aspern's sake I would do worse still. First I must take tea with her; then tackle the main job."

« Pourquoi n'en auriez-vous plus d'autre ? » interrogea-t-elle, tandis que je me tenais là, assis, hésitant et méditatif. Et elle désira savoir pourquoi, même à cette heure, et avant de prendre la peine de devenir leur pensionnaire (ce qui, après tout, pouvait bien se révéler atrocement inconfortable, dans le cas où ma démarche réussirait), je n'usais pas de la ressource de leur offrir franchement une somme d'argent. De cette façon, j'obtenais ce que je voulais sans passer de mauvaises nuits.

« Chère madame, m'écriai-je, pardonnez-moi l'impatience de mon ton si je me permets de vous dire que vous semblez avoir oublié la raison même — sûrement je vous en ai fait part — qui m'a contraint à avoir recours à votre génie. La bonne femme ne veut même pas qu'on fasse allusion à ses reliques et à ses souvenirs ! ils sont personnels, délicats, intimes, et elle n'a pas la façon de sentir d'aujourd'hui, Dieu merci ! Si je frappais cette corde tout d'abord, je gâterais certainement le jeu. Je ne puis obtenir mes dépouilles qu'en la prenant par surprise, et elle ne peut être surprise que par une manœuvre séduisante et diplomatique. Hypocrisie, duplicité, voilà mon unique chance. J'en suis bien fâché, mais il n'y a pas de bassesse que je ne commette pour l'amour de Jeffrey Aspern. Il faut d'abord que j'aille prendre le thé avec elle ; puis, je jetterai l'hameçon. »

And I told over what had happened to John Cumnor when he wrote to her. No notice whatever had been taken of his first letter, and the second had been answered very sharply, in six lines, by the niece. "Miss Bordereau requested her to say that she could not imagine what he meant by troubling them. They had none of Mr. Aspern's papers, and if they had should never think of showing them to anyone on any account whatever. She didn't know what he was talking about and begged he would let her alone." I certainly did not want to be met that way.

"Well," said Mrs. Prest after a moment, provokingly, "perhaps after all they haven't any of his things. If they deny it flat how are you sure?"

"John Cumnor is sure, and it would take me long to tell you how his conviction, or his very strong presumption—strong enough to stand against the old lady's not unnatural fib—has built itself up. Besides, he makes much of the internal evidence of the niece's letter."

"The internal evidence?"

"Her calling him 'Mr. Aspern.'"

"I don't see what that proves."

Et je lui répétai ce qui était arrivé à John Cumnor, après qu'il lui eut respectueusement écrit. Il n'avait été tenu aucun compte de sa première lettre, et la seconde avait obtenu une réponse fort sèche, de la nièce, en six lignes : « Miss Bordereau la priait de dire qu'elle ne pouvait s'imaginer ce qu'on lui voulait en les dérangeant ainsi. Elles ne possédaient aucun « héritage littéraire » de M. Aspern et, l'eussent-elles possédé, ne pourraient concevoir la pensée de le montrer à qui que ce fût, sous quelque prétexte que ce soit. Elle ne saurait imaginer à quoi il faisait allusion et le priait de la laisser tranquille. » Certainement je ne désirais pas être accueilli de cette façon-là.

« Eh bien ! dit Mrs. Prest, après un moment de silence et avec malignité, peut-être n'ont-elles rien, réellement. Si elles nient carrément, comment pouvez-vous être assuré du contraire ?

— John Cumnor en est sûr, et cela me prendrait trop longtemps de vous raconter comment sa conviction, ou ses très fortes présomptions — assez fortes pour résister au mensonge, en somme admissible, de la bonne femme —, s'est faite là-dessus. D'ailleurs, il fait grand cas de la preuve sous-jacente de la lettre de la nièce.

— La preuve sous-jacente ?

— Le fait de l'appeler M. Aspern.

— Je ne vois pas ce que cela prouve.

"It proves familiarity, and familiarity implies the possession of mementoes, or relics. I can't tell you how that 'Mr.' touches me—how it bridges over the gulf of time and brings our hero near to me—nor what an edge it gives to my desire to see Juliana. You don't say, 'Mr.' Shakespeare."

"Would I, any more, if I had a box full of his letters?"

"Yes, if he had been your lover and someone wanted them!"

And I added that John Cumnor was so convinced, and so all the more convinced by Miss Bordereau's tone, that he would have come himself to Venice on the business were it not that for him there was the obstacle that it would be difficult to disprove his identity with the person who had written to them, which the old ladies would be sure to suspect in spite of dissimulation and a change of name. If they were to ask him point-blank if he were not their correspondent it would be too awkward for him to lie; whereas I was fortunately not tied in that way. I was a fresh hand and could say no without lying.

"But you will have to change your name," said Mrs. Prest. "Juliana lives out of the world as much as it is possible to live, but none the less she has probably heard of Mr. Aspern's editors; she perhaps possesses what you have published."

— Cela prouve de la familiarité, et la familiarité implique la possession de souvenirs, d'objets tangibles. Je ne puis vous dire combien ce « Monsieur » me trouble, quel pont il jette sur l'abîme qui nous sépare du passé et rapproche mon héros de moi, combien il aiguise mon désir de voir Juliana. Vous ne dites pas : "M. Shakespeare".

— Le dirais-je davantage, si j'avais une malle pleine de ses lettres ?

— Oui, s'il avait été votre amant et que quelqu'un les désirât ! »

Et j'ajoutai que John Cumnor était tellement convaincu et affermi dans sa conviction par le ton de miss Bordereau qu'il serait venu lui-même à Venise pour cette affaire si ce n'était la difficulté d'avoir, pour gagner leur confiance, à nier son identité avec la personne qui leur avait écrit, ce que les vieilles dames soupçonneraient sûrement en dépit de toute dissimulation et d'un changement de nom. Si elles en venaient à lui demander carrément s'il n'était pas le correspondant repoussé, ce serait trop embarrassant pour lui de mentir ; tandis que moi, heureusement, je n'avais aucune entrave de ce genre. J'étais le nouveau relais : je pouvais protester sans mentir.

« Mais il vous faudra prendre un faux nom, dit Mrs. Prest. Juliana vit aussi à l'écart du monde qu'il est possible, mais néanmoins elle a dû entendre parler des éditeurs de Mr. Aspern. Elle possède probablement ce que vous avez écrit.

"I have thought of that," I returned; and I drew out of my pocketbook a visiting card, neatly engraved with a name that was not my own.

"You are very extravagant; you might have written it," said my companion.

"This looks more genuine."

"Certainly, you are prepared to go far! But it will be awkward about your letters; they won't come to you in that mask."

"My banker will take them in, and I will go every day to fetch them. It will give me a little walk."

"Shall you only depend upon that?" asked Mrs. Prest. "Aren't you coming to see me?"

"Oh, you will have left Venice, for the hot months, long before there are any results. I am prepared to roast all summer—as well as hereafter, perhaps you'll say! Meanwhile, John Cumnor will bombard me with letters addressed, in my feigned name, to the care of the *padrona*."

"She will recognize his hand," my companion suggested.

"On the envelope he can disguise it."

— J'y ai pensé », répliquai-je, et je tirai de mon portefeuille une carte de visite proprement gravée avec un « nom de guerre » heureusement choisi.

« Vous êtes extrêmement dépensier, ce qui ajoute à votre immoralité. Vous auriez pu écrire cela à l'encre ou au crayon, dit ma compagne.

— Ceci a l'air plus naturel.

— Certainement, vous avez le courage de votre curiosité. Mais ce sera gênant pour vos lettres ; elles ne vous arriveront pas sous ce masque.

— Mon banquier les recevra et j'irai les prendre chez lui chaque jour. Cela me fera une petite promenade.

— Sera-ce la seule que vous ferez ? Ne viendrez-vous pas me voir ? demanda Mrs. Prest.

— Oh ! vous aurez quitté Venise à cause des chaleurs longtemps avant que j'aie obtenu un résultat. Je me prépare à rôtir ici tout l'été, aussi bien que tout le long au-delà, me direz-vous. Et, tout ce temps-là, John Cumnor me bombardera de lettres adressées sous mon faux nom aux bons soins de la *padrona*.

— Elle reconnaîtra son écriture, suggéra ma compagne.

— Sur l'enveloppe, il peut la déguiser.

"Well, you're a precious pair! Doesn't it occur to you that even if you are able to say you are not Mr. Cumnor in person they may still suspect you of being his emissary?"

"Certainly, and I see only one way to parry that."

"And what may that be?"

I hesitated a moment.

"To make love to the niece."

"Ah," cried Mrs. Prest, "wait till you see her!"

— Eh bien ! vous faites un joli couple ! Vous en avez de bonnes à vous deux ! Est-ce qu'il ne vous vient pas à l'esprit que, bien que vous puissiez nier être Mr. Cumnor en personne, elles pourraient tout de même vous soupçonner d'être son émissaire ?

— Certainement, et je ne vois qu'un moyen de parer celle-là.

— Qu'est-ce que cela peut être ? »

J'hésitai un moment.

« Faire la cour à la nièce.

— Ah ! s'écria mon amie, attendez de l'avoir vue ! »

2

"I must work the garden—I must work the garden," I said to myself, five minutes later, as I waited, upstairs, in the long, dusky sala, where the bare *scagliola* floor gleamed vaguely in a chink of the closed shutters. The place was impressive but it looked cold and cautious. Mrs. Prest had floated away, giving me a rendezvous at the end of half an hour by some neighboring water steps; and I had been let into the house, after pulling the rusty bell wire, by a little red-headed, white-faced maidservant, who was very young and not ugly and wore clicking pattens and a shawl in the fashion of a hood.

She had not contented herself with opening the door from above by the usual arrangement of a creaking pulley, though she had looked down at me first from an upper window, dropping the inevitable challenge which in Italy precedes the hospitable act.

2

« Il faut que je tire parti du jardin, il faut que je tire parti du jardin », me disais-je à moi-même cinq minutes plus tard, tandis que j'attendais, là-haut, dans la sala longue et obscure dont le sol de *scagliola* luisait vaguement grâce à un interstice des volets clos. L'endroit était émouvant, bien que quelque peu secret et froid. Mrs. Prest s'était envolée, me donnant rendez-vous d'ici environ une demi-heure sur les degrés d'eau voisins. Et, après avoir tiré une sonnette à chaîne rouillée, j'avais été introduit dans la maison par une petite servante rousse au teint blanc, toute jeune et pas laide, qui portait des patins sonores et son châle sur la tête comme un capuchon.

Elle ne s'était pas contentée d'ouvrir la porte en manœuvrant la poulie gémissante de l'étage supérieur, suivant le système en usage ; elle m'avait d'abord regardé du haut d'une fenêtre, en me posant cette interrogation défiante qui, en Italie, précède toujours l'acte d'admission.

As a general thing I was irritated by this survival of medieval manners, though as I liked the old I suppose I ought to have liked it; but I was so determined to be genial that I took my false card out of my pocket and held it up to her, smiling as if it were a magic token. It had the effect of one indeed, for it brought her, as I say, all the way down.

I begged her to hand it to her mistress, having first written on it in Italian the words, "Could you very kindly see a gentleman, an American, for a moment?"

The little maid was not hostile, and I reflected that even that was perhaps something gained. She colored, she smiled and looked both frightened and pleased. I could see that my arrival was a great affair, that visits were rare in that house, and that she was a person who would have liked a sociable place. When she pushed forward the heavy door behind me I felt that I had a foot in the citadel. She pattered across the damp, stony lower hall and I followed her up the high staircase—stonier still, as it seemed—without an invitation. I think she had meant I should wait for her below, but such was not my idea, and I took up my station in the sala.

Je me sentis irrité, pour le principe, de cette survivance de mœurs moyenâgeuses, quoique j'eusse dû l'apprécier en amateur si passionné — bien que très spécialisé — des choses d'autrefois. Mais, plein de la résolution d'être affable à tout prix dès le début, je tirai ma fausse carte de visite de ma poche et la lui montrai d'en bas, en souriant, comme si c'eût été un talisman, et de fait, cela en eut tout l'effet, car cela la fit descendre, comme je l'ai dit, jusqu'à l'entrée.

Je la priai de la porter à sa maîtresse, ayant tout d'abord écrit en italien les mots : « Auriez-vous l'extrême bonté de recevoir un instant un voyageur américain ? »

La petite bonne ne se montra pas hostile ; c'était peut-être déjà quelque chose de gagné. Elle rougit, elle sourit et parut à la fois amusée et effrayée. Je voyais bien que mon arrivée était toute une affaire, que les visites étaient rares dans cette maison et qu'elle était de ces personnes qui aiment les places à remue-ménage. Quand elle referma la lourde porte derrière moi, je sentis que j'avais pris pied dans la citadelle et me promis fermement de ne pas m'en laisser déloger. Elle trottina à travers la grande salle humide tout en pierre du rez-de-chaussée, et je la suivis sans hésitation le long du haut escalier, qui me parut encore plus en pierre que le vestibule. Je crois qu'elle avait eu l'intention de me faire attendre en bas, mais telle n'était pas mon idée, et je m'arrêtai dans la *sala*.

She flitted, at the far end of it, into impenetrable regions, and I looked at the place with my heart beating as I had known it to do in the dentist's parlor. It was gloomy and stately, but it owed its character almost entirely to its noble shape and to the fine architectural doors—as high as the doors of houses—which, leading into the various rooms, repeated themselves on either side at intervals. They were surmounted with old faded painted escutcheons, and here and there, in the spaces between them, brown pictures, which I perceived to be bad, in battered frames, were suspended.

With the exception of several straw-bottomed chairs with their backs to the wall, the grand obscure vista contained nothing else to minister to effect. It was evidently never used save as a passage, and little even as that.

I may add that by the time the door opened again through which the maidservant had escaped, my eyes had grown used to the want of light.

I had not meant by my private ejaculation that I must myself cultivate the soil of the tangled enclosure which lay beneath the windows, but the lady who came toward me from the distance over the hard, shining floor might have supposed as much from the way in which, as I went rapidly to meet her, I exclaimed, taking care to speak Italian:

Elle disparut, tout au bout, dans des régions impénétrables et je regardai autour de moi avec un battement de cœur qui me rappelait ceux que j'avais éprouvés dans des salons de dentiste. La pièce était d'une majesté austère, mais elle devait ce caractère presque uniquement à ses nobles proportions et aux belles portes vraiment architecturales, aussi hautes que des portails, qui menaient aux autres chambres et se présentaient avec symétrie sur chaque paroi. Elles étaient surmontées de vieux écussons peints, mais décolorés, et ici et là étaient appendus aux panneaux des tableaux noircis, que je jugeais particulièrement mauvais, dans des cadres abîmés et dédorés, néanmoins encore plus désirables que les toiles elles-mêmes.

En dehors de quelques chaises de paille adossées au mur, la grande salle obscure ne contenait rien de nature à satisfaire la curiosité. Il était évident qu'elle ne servait jamais que de passage, et encore rarement.

J'ajouterai que, pendant le temps qui s'écoula avant que s'ouvrît de nouveau la porte par laquelle la petite servante s'était échappée, mes yeux s'étaient accoutumés à l'obscurité.

Ma réflexion intérieure à propos du jardin ne signifiait nullement que j'eusse l'intention de cultiver moi-même le sol de l'enclos broussailleux qui s'étendait sous les fenêtres, mais la dame qui vint vers moi du fond de la pièce, à travers le dallage dur et brillant, aurait pu le supposer à la manière dont je m'écriai, m'avançant rapidement vers elle et prenant le soin de m'exprimer en italien :

"The garden, the garden—do me the pleasure to tell me if it's yours!"

She stopped short, looking at me with wonder; and then, "Nothing here is mine," she answered in English, coldly and sadly.

"Oh, you are English; how delightful!" I remarked, ingenuously. "But surely the garden belongs to the house?"

"Yes, but the house doesn't belong to me." She was a long, lean, pale person, habited apparently in a dull-colored dressing gown, and she spoke with a kind of mild literalness. She did not ask me to sit down, any more than years before (if she were the niece) she had asked Mrs. Prest, and we stood face to face in the empty pompous hall.

"Well then, would you kindly tell me to whom I must address myself? I'm afraid you'll think me odiously intrusive, but you know I MUST have a garden—upon my honor I must!"

Her face was not young, but it was simple; it was not fresh, but it was mild. She had large eyes which were not bright, and a great deal of hair which was not "dressed," and long fine hands which were—possibly—not clean.

« Le jardin, le jardin ! faites-moi la grâce de me dire s'il est à vous ! »

Elle s'arrêta court, et me regarda avec étonnement ; puis : « Rien ici n'est à moi », répondit-elle en anglais, froidement et tristement.

« Oh ! vous êtes anglaise ! Quel bonheur ! m'écriai-je ingénument. Mais dites-moi, le jardin appartient certainement à la maison ?

— Oui, mais la maison ne m'appartient pas. » C'était une longue personne, maigre et pâle, qui semblait vivre dans une robe de chambre de couleur sombre, et elle parlait très simplement et doucement. Elle ne me demanda pas de m'asseoir, pas plus que plusieurs années auparavant — si elle était bien la même — elle ne l'avait demandé à Mrs. Prest ; et nous étions debout, face à face, dans la salle pompeuse et vide.

« Eh bien ! alors auriez-vous la bonté de me dire à qui je dois m'adresser ? J'ai peur que vous ne me trouviez horriblement familier, mais, vous savez, il me faut un jardin ; sur mon honneur, il me le faut ! »

Son visage n'était pas jeune, mais il était candide : il n'était pas frais, mais il était clair. Elle avait de grands yeux, qui n'étaient point brillants, et beaucoup de cheveux qui n'étaient point « arrangés » et de longues mains fines qui — peut-être — n'étaient pas propres.

She clasped these members almost convulsively as, with a confused, alarmed look, she broke out, "Oh, don't take it away from us; we like it ourselves!"

"You have the use of it then?"

"Oh, yes. If it wasn't for that!" And she gave a shy, melancholy smile.

"Isn't it a luxury, precisely? That's why, intending to be in Venice some weeks, possibly all summer, and having some literary work, some reading and writing to do, so that I must be quiet, and yet if possible a great deal in the open air—that's why I have felt that a garden is really indispensable. I appeal to your own experience," I went on, smiling. "Now can't I look at yours?"

"I don't know, I don't understand," the poor woman murmured, planted there and letting her embarrassed eyes wander all over my strangeness.

"I mean only from one of those windows—such grand ones as you have here—if you will let me open the shutters."

And I walked toward the back of the house. When I had advanced halfway I stopped and waited, as if I took it for granted she would accompany me.

Elle joignit ces dernières presque convulsivement, tandis qu'avec un regard troublé et alarmé, elle laissait échapper :

« Oh ! ne nous le prenez pas. Nous l'aimons, nous aussi !

— Vous en avez la jouissance, alors ?

— Oh ! oui. Si ce n'était pour cela !... » Et elle sourit d'un pâle et vague sourire.

« C'est un luxe exquis, n'est-ce pas ? C'est bien pourquoi — ayant l'intention de demeurer à Venise quelques semaines, peut-être tout l'été, et ayant un travail littéraire à poursuivre, à lire et à écrire, de sorte qu'il me faut du calme et néanmoins, s'il se peut, beaucoup de plein air —, c'est bien pourquoi je sens qu'un jardin m'est indispensable. J'en appelle à votre propre expérience, continuai-je avec le sourire le plus engageant que j'osai risquer. Allons ! ne pourrais-je jeter un coup d'œil au vôtre ?

— Je ne sais pas, je ne comprends pas », murmura la pauvre femme, plantée là, comme laissant son étonnement débile se débattre, plutôt à son désavantage, je le sentais, avec mon originalité.

« Seulement de l'une de ces fenêtres, une de ces grandes que vous avez là, si vous me permettez d'ouvrir les volets. »

Et je marchai vers la façade postérieure de la maison. Lorsque je fus à mi-chemin, je m'arrêtai et l'attendis, comme si j'étais persuadé qu'elle voudrait m'accompagner.

I had been of necessity very abrupt, but I strove at the same time to give her the impression of extreme courtesy.

"I have been looking at furnished rooms all over the place, and it seems impossible to find any with a garden attached. Naturally in a place like Venice gardens are rare. It's absurd if you like, for a man, but I can't live without flowers."

"There are none to speak of down there."

She came nearer to me, as if, though she mistrusted me, I had drawn her by an invisible thread. I went on again, and she continued as she followed me: "We have a few, but they are very common. It costs too much to cultivate them; one has to have a man."

"Why shouldn't I be the man?" I asked. "I'll work without wages; or rather I'll put in a gardener. You shall have the sweetest flowers in Venice."

She protested at this, with a queer little sigh which might also have been a gush of rapture at the picture I presented. Then she observed, "We don't know you — we don't know you."

"You know me as much as I know you: that is much more, because you know my name. And if you are English I am almost a countryman."

Je m'étais trouvé dans l'obligation d'agir *ex abrupto*, mais je m'efforçais en même temps de lui donner l'impression de mon extrême courtoisie.

« J'ai visité des chambres meublées dans tous les quartiers et il paraît impossible d'en trouver qui aient la jouissance d'un jardin. Naturellement, dans un lieu comme Venise, les jardins sont rares. Or, c'est absurde, si vous voulez, pour un homme, mais je ne puis vivre sans fleurs.

— Il n'y en a pour ainsi dire pas, ici. »

Elle vint plus près, comme si, bien qu'elle se méfiât de moi, je l'eusse tirée par quelque fil invisible. Je continuai à avancer et elle poursuivit, tout en m'accompagnant :

« Nous en avons quelques-unes, mais de très ordinaires. Leur entretien est trop coûteux, il faudrait un homme.

— Pourquoi ne serais-je pas cet homme ? demandai-je. Je travaillerais sans demander de gages ; ou plutôt, j'y mettrais un jardinier ; vous aurez les plus jolies fleurs de Venise. »

Elle protesta par une légère vibration de son, qui pouvait être aussi un soupir d'enivrement devant mon esquisse rapide. Puis elle haleta :

« Nous ne vous connaissons pas. Nous ne vous connaissons pas.

— Vous me connaissez autant que je vous connais : ou plutôt bien davantage, car vous savez mon nom. Et si vous êtes anglaise, nous sommes presque compatriotes.

"We are not English," said my companion, watching me helplessly while I threw open the shutters of one of the divisions of the wide high window.

"You speak the language so beautifully: might I ask what you are?"

Seen from above the garden was certainly shabby; but I perceived at a glance that it had great capabilities.

She made no rejoinder, she was so lost in staring at me, and I exclaimed, "You don't mean to say you are also by chance American?"

"I don't know; we used to be."

"Used to be? Surely you haven't changed?"

"It's so many years ago—we are nothing."

"So many years that you have been living here? Well, I don't wonder at that; it's a grand old house. I suppose you all use the garden," I went on, "but I assure you I shouldn't be in your way. I would be very quiet and stay in one corner."

— Nous ne sommes pas anglaises », dit mon interlocutrice, m'observant avec une soumission machinale tandis que je repoussais le volet de l'un des battants de la haute et large fenêtre.

« Vous en parlez la langue si admirablement ! Oserai-je vous demander d'où vous êtes ? »

Vu d'en haut, le jardin était réellement misérable ; cependant, d'un coup d'œil je jugeai qu'on y pouvait opérer de grandes choses.

Perdue dans un abîme d'ahurissement et de douleur, elle ne me fit aucune réponse et je m'écriai :

« Voulez-vous dire que vous aussi, par bonheur, vous seriez américaine ?

— Je ne sais pas, nous l'avons été.

— Vous l'avez été ? Sûrement, vous n'avez pas changé.

— Il y a si longtemps ! Il me semble que nous ne sommes plus rien, maintenant.

— Si longtemps que vous vivez ici ? Eh bien, je ne m'en étonne pas : c'est une si belle vieille maison ! Je suppose que vous avez tous la jouissance du jardin, continuai-je, mais je vous assure que je ne gênerais personne. Je serais très tranquille et me tiendrais dans mon coin.

"We all use it?" she repeated after me, vaguely, not coming close to the window but looking at my shoes. She appeared to think me capable of throwing her out.

"I mean all your family, as many as you are."

"There is only one other; she is very old—she never goes down."

"Only one other, in all this great house!"

I feigned to be not only amazed but almost scandalized.

"Dear lady, you must have space then to spare!"

"To spare?" she repeated, in the same dazed way.

"Why, you surely don't live (two quiet women—I see YOU are quiet, at any rate) in fifty rooms!"

Then with a burst of hope and cheer I demanded:

"Couldn't you let me two or three? That would set me up!"

— Nous en avons tous la jouissance ? » répétât-elle comme dans le vague sans s'approcher de la fenêtre, mais en regardant mes chaussures. Elle semblait me croire capable de la jeter dehors.

« Je veux dire votre famille, tous, tant que vous êtes.

— Il n'y a qu'une personne en dehors de moi. Elle est très vieille, elle ne sort jamais. »

« Seulement une autre personne dans toute cette grande maison ! »

Je feignis d'être non seulement stupéfait, mais presque scandalisé.

« Chère madame, alors, vous devez avoir de la place à revendre ?

— À revendre ? répéta-t-elle, comme pour le seul plaisir, intense et inaccoutumé chez elle, d'entendre ses propres paroles.

— Quoi ? sûrement, vous n'habitez pas, deux femmes paisibles — vous, au moins, êtes paisible, je le vois —, cinquante pièces ! »

Puis dans un élan d'espoir et de bonne humeur je posai directement la question :

« Ne pourriez-vous pas pour un bon prix m'en louer deux ou trois ? C'est cela qui m'irait bien. »

I had not struck the note that translated my purpose, and I need not reproduce the whole of the tune I played. I ended by making my interlocutress believe that I was an honorable person, though of course I did not even attempt to persuade her that I was not an eccentric one. I repeated that I had studies to pursue; that I wanted quiet; that I delighted in a garden and had vainly sought one up and down the city; that I would undertake that before another month was over the dear old house should be smothered in flowers. I think it was the flowers that won my suit, for I afterward found that Miss Tita (for such the name of this high tremulous spinster proved somewhat incongruously to be) had an insatiable appetite for them.

When I speak of my suit as won I mean that before I left her she had promised that she would refer the question to her aunt. I inquired who her aunt might be and she answered, "Why, Miss Bordereau!" with an air of surprise, as if I might have been expected to know. There were contradictions like this in Tita Bordereau which, as I observed later, contributed to make her an odd and affecting person. It was the study of the two ladies to live so that the world should not touch them, and yet they had never altogether accepted the idea that it never heard of them.

J'avais maintenant exposé le thème qui exprimait mon désir, et il n'est pas nécessaire de répéter toute la musique que j'en tirai. Je finis par persuader mon interlocutrice que j'étais un être dépourvu de mauvais desseins, mais évidemment je ne tentai pas de lui persuader que je le fusse d'excentricités. Je répétai que j'avais des études à poursuivre ; que j'avais besoin de calme ; qu'un jardin faisait toutes mes délices et que j'en avais vainement cherché un par toute la ville ; que je prenais l'engagement qu'avant un mois d'ici la chère vieille maison disparaîtrait sous les fleurs. Je crois que ce furent les fleurs qui me firent remporter la victoire, car je découvris plus tard que miss Tina — tel fut le nom quelque peu incongru qui se trouva être celui de la longue et balbutiante demoiselle — avait pour elles un appétit insatiable.

Quand je parle de victoire remportée, je veux dire qu'en la quittant j'emportais la promesse qu'elle en référerait à sa tante. Je la priai de m'informer qui sa tante pouvait bien être, et elle répondit : « Mais, miss Bordereau », avec un air surpris, comme si c'était une chose admise que je le susse. Il y avait en miss Tina de ces contradictions qui, ainsi que je l'observai plus tard, contribuaient à la rendre agréablement déconcertante et intéressante. C'était le souci de ces deux dames de vivre de telle sorte que le monde ne parlât point d'elles et ne les approchât point, et cependant elles n'étaient pas complètement résignées à l'idée qu'on les ignorât,

In Tita at any rate a grateful susceptibility to human contact had not died out, and contact of a limited order there would be if I should come to live in the house.

"We have never done anything of the sort; we have never had a lodger or any kind of inmate."

So much as this she made a point of saying to me.

"We are very poor, we live very badly. The rooms are very bare—that you might take; they have nothing in them. I don't know how you would sleep, how you would eat."

"With your permission, I could easily put in a bed and a few tables and chairs. C'est la moindre des choses and the affair of an hour or two. I know a little man from whom I can hire what I should want for a few months, for a trifle, and my gondolier can bring the things round in his boat. Of course in this great house you must have a second kitchen, and my servant, who is a wonderfully handy fellow" (this personage was an evocation of the moment), "can easily cook me a chop there. My tastes and habits are of the simplest; I live on flowers!" And then I ventured to add that if they were very poor it was all the more reason they should let their rooms. They were bad economists—I had never heard of such a waste of material.

mais, au moins, chez miss Tina, toute capacité d'entrer en contact avec les humains et de s'en montrer reconnaissante n'était pas éteinte ; ce contact, je l'établirais dans une certaine mesure si je venais à vivre dans la maison.

« Nous n'avons jamais rien fait de ce genre ; nous n'avons jamais eu de pensionnaire, ni d'hôte d'aucune sorte. »

Elle mit son point d'honneur à bien établir le fait :

« Nous sommes très pauvres, nous vivons très médiocrement, presque de rien ; les pièces, celles que vous pourriez avoir, sont nues ; elles ne contiennent absolument rien. Je me demande comment vous feriez pour y coucher, pour y manger.

— Avec votre permission je pourrais facilement y mettre un lit, quelques chaises et des tables. C'est la moindre des choses et l'affaire d'une heure ou deux. Je connais un petit bonhomme qui me louerait pour une bagatelle le peu dont j'aurais besoin, ce qui m'est indispensable. Mon gondolier apporterait tout cela dans son bateau. Sans doute, dans cette grande maison, vous devez avoir une seconde petite cuisine, et mon domestique, qui est étonnamment débrouillard — ce personnage était une invention subite de ma part —, m'y cuira aisément une côtelette. Mes goûts, mes habitudes sont des plus simples : je ne vis que de fleurs ! » Puis je me hasardais à ajouter que, si elles étaient très pauvres, c'était une raison de plus pour louer leurs chambres. Elles étaient mauvaises économistes : on n'avait jamais vu un tel gaspillage de matière première.

I saw in a moment that the good lady had never before been spoken to in that way, with a kind of humorous firmness which did not exclude sympathy but was on the contrary founded on it. She might easily have told me that my sympathy was impertinent, but this by good fortune did not occur to her. I left her with the understanding that she would consider the matter with her aunt and that I might come back the next day for their decision.

"The aunt will refuse; she will think the whole proceeding very louche!" Mrs. Prest declared shortly after this, when I had resumed my place in her gondola.

She had put the idea into my head and now (so little are women to be counted on) she appeared to take a despondent view of it. Her pessimism provoked me and I pretended to have the best hopes; I went so far as to say that I had a distinct presentiment that I should succeed. Upon this Mrs. Prest broke out, "Oh, I see what's in your head! You fancy you have made such an impression in a quarter of an hour that she is dying for you to come and can be depended upon to bring the old one round. If you do get in you'll count it as a triumph."

I did count it as a triumph, but only for the editor (in the last analysis), not for the man, who had not the tradition of personal conquest. When I went back

Je m'aperçus immédiatement que la bonne dame n'avait jamais été traitée de telle façon : avec une fermeté cordiale qui n'excluait pas la sympathie, qui au contraire se fondait sur elle. Elle aurait bien pu me dire que ma sympathie était de l'impertinence, mais, par bonheur, elle n'y pensa point. Je la quittai, après qu'il eut été entendu qu'elle soumettrait la question à sa tante et que je pourrais revenir le lendemain apprendre leur décision.

« La tante refusera ; elle trouvera toute cette *manigance* très louche », déclara sèchement Mrs. Prest peu après, lorsque j'eus repris ma place dans sa gondole.

C'était elle qui m'avait mis l'idée dans la tête et maintenant — tant il faut peu compter sur les femmes — elle semblait l'envisager sans le moindre espoir. Son pessimisme m'irrita et je prétendis nourrir les plus brillantes espérances ; j'allai même jusqu'à me vanter d'avoir le net pressentiment de mon succès. Là-dessus, Mrs. Prest éclata : « Oh ! je vois ce que vous pensez. Vous vous imaginez que vous avez fait une telle impression en cinq minutes qu'elle meurt d'envie de vous avoir et qu'on peut compter sur elle pour convaincre la vieille. Si vous y arrivez, vous compterez cela pour un triomphe. »

Je comptai cela en effet pour un triomphe — mais seulement pour le critique, non pour l'homme, qui n'avait pas la manière en fait de conquêtes. Quand je retournai,

on the morrow the little maidservant conducted me straight through the long sala (it opened there as before in perfect perspective and was lighter now, which I thought a good omen) into the apartment from which the recipient of my former visit had emerged on that occasion. It was a large shabby parlor, with a fine old painted ceiling and a strange figure sitting alone at one of the windows. They come back to me now almost with the palpitation they caused, the successive feelings that accompanied my consciousness that as the door of the room closed behind me I was really face to face with the Juliana of some of Aspern's most exquisite and most renowned lyrics.

I grew used to her afterward, though never completely; but as she sat there before me my heart beat as fast as if the miracle of resurrection had taken place for my benefit. Her presence seemed somehow to contain his, and I felt nearer to him at that first moment of seeing her than I ever had been before or ever have been since. Yes, I remember my emotions in their order, even including a curious little tremor that took me when I saw that the niece was not there. With her, the day before, I had become sufficiently familiar, but it almost exceeded my courage (much as I had longed for the event) to be left alone with such a terrible relic as the aunt.

le lendemain, la petite servante me mena tout droit à travers la longue salle (elle développait comme hier sa profonde perspective et était plus éclairée, ce que je trouvai de bon augure) à l'appartement d'où, à ma dernière visite, mon hôtesse avait émergé. C'était un salon spacieux et fané avec un beau vieux plafond peint sous lequel une étrange figure était assise, seule, auprès d'une fenêtre. Ils me reviennent maintenant avec la palpitation qu'ils me causèrent alors, les états d'esprit successifs qui, la porte refermée derrière moi, amenaient à ma connaissance que j'étais réellement face à face avec la Juliana de quelques-unes des pièces lyriques les plus exquises et les plus célèbres d'Aspern.

Je m'habituai à elle plus tard, bien que jamais complètement ; mais là, tandis qu'elle était assise devant moi, mon cœur battait aussi fort que si le miracle de la résurrection se fût effectué pour mon seul bénéfice. Sa présence semblait en quelque sorte contenir et exprimer l'autre, celle du poète, et je me sentis plus proche de lui, en ce premier instant où je la vis, que je ne l'avais jamais été et que je ne le fus jamais depuis. Oui, je me rappelle mes émotions, dans leur ordre, y compris un singulier petit frémissement qui me saisit quand je m'aperçus que la nièce n'était pas là. Avec celle-là je m'étais familiarisé la veille, mais c'était au-dessus de mon courage, bien que j'eusse tant désiré l'événement, d'être laissé seul avec une relique aussi terrible que la tante.

She was too strange, too literally resurgent. Then came a check, with the perception that we were not really face to face, inasmuch as she had over her eyes a horrible green shade which, for her, served almost as a mask. I believed for the instant that she had put it on expressly, so that from underneath it she might scrutinize me without being scrutinized herself. At the same time it increased the presumption that there was a ghastly death's-head lurking behind it. The divine Juliana as a grinning skull—the vision hung there until it passed. Then it came to me that she WAS tremendously old—so old that death might take her at any moment, before I had time to get what I wanted from her. The next thought was a correction to that; it lighted up the situation. She would die next week, she would die tomorrow—then I could seize her papers. Meanwhile she sat there neither moving nor speaking. She was very small and shrunken, bent forward, with her hands in her lap. She was dressed in black, and her head was wrapped in a piece of old black lace which showed no hair.

My emotion keeping me silent she spoke first, and the remark she made was exactly the most unexpected.

Elle était trop étrange, trop littéralement ressuscitée. Puis je me sentis comme repoussé, en m'apercevant que nous n'étions pas réellement face à face, car elle avait sur les yeux une horrible visière verte qui lui servait pour ainsi dire de masque. Sur le moment, je crus qu'elle l'avait mis exprès, afin de pouvoir, de là-dessous, me dévorer à son aise sans que je pusse la grignoter le moins du monde. En même temps, cela me donnait comme le soupçon de quelque terrifiante tête de mort se dissimulant là derrière. La divine Juliana devenue un crâne ricanant, la vision se dressa devant moi, puis s'évanouit. Puis je pensai qu'elle était formidablement vieille, si vieille que la mort pouvait l'emporter à tout moment, avant que j'eusse le temps d'atteindre mon but. Une seconde pensée vint corriger celle-là et éclairer la situation : elle allait mourir la semaine prochaine, ou demain. Alors je sautais sur sa propriété et je pillais ses tiroirs.

Pendant ce temps, elle se tenait assise, sans bouger ni parler. Elle était très petite et réduite à rien, toute penchée en avant, les mains sur ses genoux. Elle était vêtue de noir, sa tête enveloppée dans une vieille dentelle noire qui cachait ses cheveux. Mon émotion me réduisant au silence, elle prit la parole la première, et la remarque qu'elle énonça tout d'abord fut véritablement celle que j'aurais le moins attendue d'elle.

3

"Our house is very far from the center, but the little canal is very comme il faut."

"It's the sweetest corner of Venice and I can imagine nothing more charming," I hastened to reply. The old lady's voice was very thin and weak, but it had an agreeable, cultivated murmur, and there was wonder in the thought that that individual note had been in Jeffrey Aspern's ear.

"Please to sit down there. I hear very well," she said quietly, as if perhaps I had been shouting at her; and the chair she pointed to was at a certain distance.

I took possession of it, telling her that I was perfectly aware that I had intruded, that I had not been properly introduced and could only throw myself upon her indulgence. Perhaps the other lady, the one I had had the honor of seeing the day before, would have explained to her about the garden.

3

« Notre maison est très éloignée du centre, mais le petit canal est très « comme il faut ».

— C'est le coin le plus délicieux de Venise et l'on ne peut rien imaginer de plus charmant », me hâtai-je de répliquer.

La voix de la vieille dame était faible et mince, mais ce murmure était agréable et cultivé, et quel émerveillement dans la pensée que ce son même qui avait frappé l'oreille de Jeffrey Aspern !

« Veuillez vous asseoir là. J'entends très bien », dit-elle avec calme, comme si je venais de hurler ; la chaise qu'elle m'indiquait était à une certaine distance.

J'en pris possession, l'assurant que j'étais parfaitement conscient de mon intrusion et de ce que je n'avais pas été présenté dans les formes, et que je ne pouvais qu'implorer son indulgence. Peut-être l'autre dame, celle que j'avais eu l'honneur de voir la veille, lui avait-elle parlé du jardin.

That was literally what had given me courage to take a step so unconventional. I had fallen in love at sight with the whole place (she herself probably was so used to it that she did not know the impression it was capable of making on a stranger), and I had felt it was really a case to risk something. Was her own kindness in receiving me a sign that I was not wholly out in my calculation? It would render me extremely happy to think so. I could give her my word of honor that I was a most respectable, inoffensive person and that as an inmate they would be barely conscious of my existence. I would conform to any regulations, any restrictions if they would only let me enjoy the garden. Moreover I should be delighted to give her references, guarantees; they would be of the very best, both in Venice and in England as well as in America.

She listened to me in perfect stillness and I felt that she was looking at me with great attention, though I could see only the lower part of her bleached and shriveled face. Independently of the refining process of old age it had a delicacy which once must have been great. She had been very fair, she had had a wonderful complexion. She was silent a little after I had ceased speaking; then she inquired,

C'était littéralement ce qui m'avait donné le courage de faire cette démarche tellement en dehors des usages. J'étais tombé amoureux, à première vue, de tout l'ensemble ; elle-même y était probablement tellement habituée qu'elle ne se rendait pas compte de l'impression que cela pouvait faire sur un étranger ; pour moi, cela valait de risquer quelque chose. Pouvais-je croire que la bonté qu'elle me montrait en me recevant était une preuve que mon calcul n'était pas absolument faux ? Je serais profondément heureux s'il m'était permis de le penser. Je pouvais lui donner ma parole d'honneur que j'étais la plus respectable et la plus inoffensive des créatures, et que, comme locataires du palais, si l'on peut ainsi parler, elles seraient à peine conscientes de mon existence. J'observerais tous les règlements, toutes les restrictions du monde, si seulement il m'était permis de jouir du jardin. D'ailleurs je serais enchanté de fournir mes références, mes garanties : elles seraient les meilleures qui se pussent avoir, tant à Venise qu'en Angleterre, aussi bien qu'en Amérique.

Elle m'écoutait dans une parfaite immobilité et je sentais qu'elle me regardait avec une grande pénétration, bien que je ne pusse voir que la partie inférieure de son visage pâli et ridé. Indépendamment de l'affinement dû à la vieillesse, il révélait une délicatesse qui avait dû être remarquable autrefois. Elle avait été très blonde, elle avait eu un teint merveilleux. Elle resta silencieuse quelque temps après que j'eus parlé ; puis elle reprit :

"If you are so fond of a garden why don't you go to terra firma, where there are so many far better than this?"

"Oh, it's the combination!" I answered, smiling; and then, with rather a flight of fancy, "It's the idea of a garden in the middle of the sea."

"It's not in the middle of the sea; you can't see the water."

I stared a moment, wondering whether she wished to convict me of fraud.

"Can't see the water? Why, dear madam, I can come up to the very gate in my boat."

She appeared inconsequent, for she said vaguely in reply to this, "Yes, if you have got a boat. I haven't any; it's many years since I have been in one of the gondolas." She uttered these words as if the gondolas were a curious faraway craft which she knew only by hearsay.

"Let me assure you of the pleasure with which I would put mine at your service!" I exclaimed.

I had scarcely said this, however, before I became aware that the speech was in questionable taste and might also do me the injury of making me appear too eager, too possessed of a hidden motive. But the old woman

« Si vous tenez tant à un jardin, pourquoi n'allez-vous pas *in terra ferma*, où il y en a tant d'autres, supérieurs à celui-ci ?

— Oh ! mais c'est l'ensemble ! » répondis-je en souriant ; puis, comme m'abandonnant à un rêve : « C'est l'idée d'un jardin au milieu de la mer.

— Ceci n'est pas le milieu de la mer ; vous ne pouvez même pas voir l'eau. »

Je la dévisageai un moment, me demandant si elle voulait me convaincre de mensonge.

« On ne peut pas voir l'eau ? Mais, chère madame, mon bateau m'amène à votre porte même. »

Elle semblait inconséquente, car elle dit vaguement, en réponse à ceci : « Oui, si vous avez un bateau. Je n'en ai pas. Il y a bien des années que je n'ai été dans une de ces *gondoles*. » Elle prononça ce mot comme s'il désignait un genre de choses bizarre et lointain connu d'elle seulement par ouï-dire.

« Permettez-moi de vous assurer du grand plaisir que j'aurais à mettre la mienne à votre service », répliquai-je.

Cependant, j'avais à peine prononcé ces mots que je me rendais compte que l'offre était d'un goût contestable et pourrait aussi me nuire en me révélant trop ardent, trop poussé par un motif secret. Mais la vieille femme

remained impenetrable and her attitude bothered me by suggesting that she had a fuller vision of me than I had of her. She gave me no thanks for my somewhat extravagant offer but remarked that the lady I had seen the day before was her niece; she would presently come in. She had asked her to stay away a little on purpose, because she herself wished to see me at first alone.

She relapsed into silence, and I asked myself why she had judged this necessary and what was coming yet; also whether I might venture on some judicious remark in praise of her companion. I went so far as to say that I should be delighted to see her again: she had been so very courteous to me, considering how odd she must have thought me—a declaration which drew from Miss Bordereau another of her whimsical speeches.

"She has very good manners; I bred her up myself!"

I was on the point of saying that that accounted for the easy grace of the niece, but I arrested myself in time, and the next moment the old woman went on:

"I don't care who you may be—I don't want to know; it signifies very little today."

demeurait impénétrable, et son attitude m'agaçait en me laissant supposer qu'elle me voyait infiniment mieux que je ne pouvais la voir moi-même. Elle ne m'adressa aucun remerciement pour mon offre quelque peu extravagante, mais fit la remarque que la dame que j'avais vue la veille était sa nièce, et viendrait présentement. Elle lui avait demandé, exprès, de ne pas venir tout de suite : elle avait ses raisons de désirer me voir seul, d'abord.

Elle retomba dans le silence et je me mis à réfléchir, me demandant quelles pouvaient bien être ces raisons cachées, ce qui allait maintenant se passer, et encore, si je pouvais me risquer à lancer quelque remarque judicieuse à la louange de sa compagne. Je me hasardai à dire que je serais heureux de revoir l'aimable absente : elle avait témoigné tant de patience à l'égard de l'originalité dont j'avais fait preuve. Cette déclaration attira une autre des phrases drolatiques de miss Bordereau.

« Elle a de très bonnes manières : je l'ai élevée moi-même. »

Je fus sur le point de dire que cela expliquait toute l'aisance gracieuse de la nièce, mais je m'arrêtai à temps, et la vieille femme continua :

« Je ne tiens pas à savoir qui vous êtes ; cela m'est égal, cela signifie bien peu de chose aujourd'hui. »

This had all the air of being a formula of dismissal, as if her next words would be that I might take myself off now that she had had the amusement of looking on the face of such a monster of indiscretion. Therefore I was all the more surprised when she added, with her soft, venerable quaver, "You may have as many rooms as you like — if you will pay a good deal of money."

I hesitated but for a single instant, long enough to ask myself what she meant in particular by this condition. First it struck me that she must have really a large sum in her mind; then I reasoned quickly that her idea of a large sum would probably not correspond to my own. My deliberation, I think, was not so visible as to diminish the promptitude with which I replied, "I will pay with pleasure and of course in advance whatever you may think is proper to ask me."

"Well then, a thousand francs a month," she rejoined instantly, while her baffling green shade continued to cover her attitude.

The figure, as they say, was startling and my logic had been at fault. The sum she had mentioned was, by the Venetian measure of such matters, exceedingly large; there was many an old palace in an out-of-the-way corner that I might on such terms have enjoyed by the year.

Le discours prenait tout à fait l'allure d'une formule de congé, et je m'attendais à ce que les mots suivants me signifiassent que je pouvais prendre la porte, maintenant qu'elle s'était offert le plaisir de contempler un tel phénomène d'indiscrétion. Je fus donc d'autant plus surpris quand elle ajouta, de son doux et vénérable chevrotement :

« Vous aurez toutes les pièces que vous voudrez, à condition que vous payiez très cher. »

Je n'hésitai qu'un instant, qui me suffit pour me rendre compte de ce qu'elle voulait dire en posant cette condition : je pensais d'abord qu'en effet elle désirait obtenir une grosse somme ; puis je fis ce raisonnement rapide que ce qu'elle appelait une grosse somme n'en serait sans doute pas une pour moi. Ma délibération intérieure, je crois, ne diminua nullement la promptitude avec laquelle je répondis :

« Je payerai avec plaisir, et d'avance, bien entendu, ce que vous jugerez convenable de me demander.

— Eh bien ! alors, mille francs par mois », dit-elle instantanément, tandis que sa déconcertante visière continuait à me masquer son attitude.

Le chiffre, comme on dit, était saisissant, et ma logique prise en défaut. La somme qu'elle avait énoncée était, d'après la mesure vénitienne en ces matières, extrêmement élevée. Il y avait, dans les coins ignorés de la ville, maint vieux palais que j'aurais pu avoir à l'année pour le même prix.

But so far as my small means allowed I was prepared to spend money, and my decision was quickly taken. I would pay her with a smiling face what she asked, but in that case I would give myself the compensation of extracting the papers from her for nothing.

Moreover if she had asked five times as much I should have risen to the occasion; so odious would it have appeared to me to stand chaffering with Aspern's Juliana. It was queer enough to have a question of money with her at all. I assured her that her views perfectly met my own and that on the morrow I should have the pleasure of putting three months' rent into her hand. She received this announcement with serenity and with no apparent sense that after all it would be becoming of her to say that I ought to see the rooms first. This did not occur to her and indeed her serenity was mainly what I wanted.

Our little bargain was just concluded when the door opened and the younger lady appeared on the threshold. As soon as Miss Bordereau saw her niece she cried out almost gaily, "He will give three thousand—three thousand tomorrow!"

Miss Tita stood still, with her patient eyes turning from one of us to the other; then she inquired, scarcely above her breath, "Do you mean francs?"

Mais, autant que mes ressources me le permettraient, j'étais prêt à dépenser de l'argent, et ma décision fut vite prise. Je payerais ce qu'elle demandait, d'un visage souriant ; mais alors, comme compensation, je m'emparerais de mon « butin » pour rien.

D'ailleurs, m'eût-elle demandé cinq fois davantage, je me serais montré à la hauteur des circonstances, tant il m'aurait paru odieux d'ergoter avec la Juliana d'Aspern. C'était déjà assez bizarre d'avoir à traiter une affaire d'argent avec elle. Je l'assurai que mes vues concordaient parfaitement avec les siennes et que le lendemain j'aurais le plaisir de déposer le montant de la location de trois mois entre ses mains. Elle reçut cette affirmation avec une certaine complaisance et sans que je pusse découvrir la moindre trace de l'idée qu'après tout il serait convenable que je visse les chambres d'abord. Cela ne lui vint pas à l'esprit, et, en somme, cette sérénité était le sentiment que je désirais par-dessus tout lui voir conserver.

Nous venions de conclure notre petit arrangement lorsque la porte s'ouvrit, et la plus jeune de ces dames apparut sur le seuil. Aussitôt que miss Bordereau vit sa nièce, elle s'écria presque gaiement :

« Il en donne trois mille, trois mille, demain. »

Miss Tina se tenait immobile ; ses yeux patients se tournaient de l'un de nous à l'autre ; puis elle finit par prononcer d'un ton à peine perceptible : « Voulez-vous dire des francs ?

"Did you mean francs or dollars?" the old woman asked of me at this.

"I think francs were what you said," I answered, smiling.

"That is very good," said Miss Tita, as if she had become conscious that her own question might have looked overreaching.

"What do YOU know? You are ignorant," Miss Bordereau remarked; not with acerbity but with a strange, soft coldness.

"Yes, of money—certainly of money!" Miss Tita hastened to exclaim.

"I am sure you have your own branches of knowledge," I took the liberty of saying, genially. There was something painful to me, somehow, in the turn the conversation had taken, in the discussion of the rent.

"She had a very good education when she was young. I looked into that myself," said Miss Bordereau. Then she added, "But she has learned nothing since."

"I have always been with you," Miss Tita rejoined very mildly, and evidently with no intention of making an epigram.

"Yes, but for that!" her aunt declared with more satirical force.

— Vouliez-vous dire francs ou dollars ? me demanda alors la vieille dame.

— Je crois que vous avez parlé de francs — et je souris avec assurance.

— C'est très bien, dit miss Tina, comme si elle sentait combien sa propre question pouvait sembler avoir dépassé la mesure.

— Qu'en savez-*vous* ? Vous êtes fort ignorante, observa miss Bordereau sans âcreté, mais avec une étrange et douce froideur.

— Oui, en matière d'argent, certainement en matière d'argent, se hâta de concéder miss Tina.

— Je suis sûr que vous possédez quelques belles branches de l'arbre de science, pris-je la liberté de dire cordialement. » Il y avait je ne sais quoi de pénible pour moi dans le tour qu'avait pris la conversation, dans cette discussion à propos de francs et de dollars.

« Elle a eu une très bonne éducation dans sa jeunesse. Je l'ai surveillée moi-même », dit miss Bordereau. Puis elle ajouta : « Mais, depuis, elle n'a rien appris.

— J'ai toujours vécu avec vous, répliqua miss Tina très doucement, et certainement sans aucune intention ironique.

— En effet, sans cela... » déclara sa tante plus satiriquement encore.

She evidently meant that but for this her niece would never have got on at all; the point of the observation however being lost on Miss Tita, though she blushed at hearing her history revealed to a stranger. Miss Bordereau went on, addressing herself to me:

"And what time will you come tomorrow with the money?"

"The sooner the better. If it suits you I will come at noon."

"I am always here but I have my hours," said the old woman, as if her convenience were not to be taken for granted.

"You mean the times when you receive?"

"I never receive. But I will see you at noon, when you come with the money."

"Very good, I shall be punctual;" and I added, "May I shake hands with you, on our contract?"

I thought there ought to be some little form, it would make me really feel easier, for I foresaw that there would be no other. Besides, though Miss Bordereau could not today be called personally attractive and there was something even in her wasted antiquity that bade one stand at one's distance, I felt an irresistible desire to hold in my own for a moment the hand that Jeffrey Aspern had pressed.

Elle voulait évidemment dire que sans cela sa nièce ne se serait pas développée du tout : le but de cette observation échappa à miss Tina, bien qu'elle rougît en entendant sa propre histoire révélée à un étranger. Miss Bordereau continua, s'adressant à moi :

« Et à quelle heure viendrez-vous demain avec l'argent ?

— Le plus tôt sera le mieux. Si cela vous convient, je viendrai à midi.

— Je suis toujours ici, mais j'ai mes heures, dit la vieille femme, comme pour m'avertir qu'il ne fallait pas compter en prendre à son aise avec elle.

— Vous voulez dire vos heures de réception ?

— Je ne reçois jamais. Mais je vous verrai à midi, quand vous viendrez avec l'argent.

— Très bien, je serai exact. » Et j'ajoutai : « Puis-je vous serrer la main pour sceller le contrat ? »

Je pensais qu'il serait bon d'y mettre quelque forme : cela me donnerait un sentiment de sécurité, car j'étais bien sûr qu'il n'y en aurait point d'autre. Et puis, bien que miss Bordereau ne pût être considérée maintenant comme douée d'attraits personnels, et qu'il y eût même quelque chose, dans son antiquité ravagée, qui vous tenait à distance, j'éprouvais un désir irrésistible de sentir un moment dans la mienne cette main que Jeffrey Aspern avait pressée.

For a minute she made no answer, and I saw that my proposal failed to meet with her approbation. She indulged in no movement of withdrawal, which I half-expected; she only said coldly, "I belong to a time when that was not the custom."

I felt rather snubbed but I exclaimed good humoredly to Miss Tita, "Oh, you will do as well!" I shook hands with her while she replied, with a small flutter, "Yes, yes, to show it's all arranged!"

"Shall you bring the money in gold?" Miss Bordereau demanded, as I was turning to the door.

I looked at her for a moment.

"Aren't you a little afraid, after all, of keeping such a sum as that in the house?"

It was not that I was annoyed at her avidity but I was really struck with the disparity between such a treasure and such scanty means of guarding it.

"Whom should I be afraid of if I am not afraid of you?" she asked with her shrunken grimness.

"Ah well," said I, laughing, "I shall be in point of fact a protector and I will bring gold if you prefer."

"Thank you," the old woman returned with dignity and with an inclination of her head which evidently signified that I might depart.

Pendant une minute elle ne fit aucune réponse et je vis que ma proposition n'avait pas le bonheur de lui agréer. Elle ne se permit pas le mouvement de recul auquel j'étais à demi préparé ; elle dit seulement avec froideur : « J'appartiens à un temps où une telle habitude n'existait pas. »

Je compris qu'on désirait me remettre à ma place, mais je m'écriai avec bonne humeur, en me tournant vers miss Tina : « Oh ! cela ira aussi bien avec vous ! et je lui serrai la main (ce à quoi elle acquiesça avec une légère agitation). Oui, oui, pour montrer que tout est bien arrangé !

— Apportez-vous la somme en or ? » demanda miss Bordereau au moment où je me dirigeais vers la porte.

Je la regardai un moment :

« N'avez-vous pas peur, après tout, de garder tant d'argent dans la maison ? »

Je n'étais pas troublé par son avidité, mais réellement frappé de la disparité entre une somme pareille et le peu de moyens qu'on avait de la sauvegarder.

« De qui pourrais-je avoir peur, du moment que je n'ai pas peur de vous ? demanda-t-elle avec son amertume recuite.

— C'est bien, dis-je en riant. Au fait, je serai un protecteur et je vous apporterai de l'or si vous le préférez.

— Merci ! » répliqua dignement la vieille femme avec une inclination de tête qui était évidemment un congé.

I passed out of the room, reflecting that it would not be easy to circumvent her.

As I stood in the sala again I saw that Miss Tita had followed me, and I supposed that as her aunt had neglected to suggest that I should take a look at my quarters it was her purpose to repair the omission. But she made no such suggestion; she only stood there with a dim, though not a languid smile, and with an effect of irresponsible, incompetent youth which was almost comically at variance with the faded facts of her person. She was not infirm, like her aunt, but she struck me as still more helpless, because her inefficiency was spiritual, which was not the case with Miss Bordereau's. I waited to see if she would offer to show me the rest of the house, but I did not precipitate the question, inasmuch as my plan was from this moment to spend as much of my time as possible in her society. I only observed at the end of a minute:

"I have had better fortune than I hoped. It was very kind of her to see me. Perhaps you said a good word for me."

"It was the idea of the money," said Miss Tita.

"And did you suggest that?"

"I told her that you would perhaps give a good deal."

Je sortis de la chambre, en songeant qu'il serait dur de la circonvenir.

J'étais de nouveau dans la sala lorsque je vis que miss Tina m'avait suivi, et je supposai que, puisque sa tante avait négligé de m'inviter à visiter mes futurs appartements, elle se proposait de réparer cette omission. Mais elle ne me fit aucune ouverture à ce sujet ; elle se bornait à rester debout devant moi avec un sourire non pas langoureux, mais effacé : elle donnait une impression de jeunesse irresponsable et incompétente, qui faisait une opposition comique avec l'aspect fané de sa personne. Elle n'était pas infirme, comme sa tante, mais sa futilité me sembla plus accentuée, parce que sa faiblesse était intérieure, ce qui n'était pas le cas avec miss Bordereau. J'attendis pour voir si elle m'offrirait de me montrer le reste de la maison, mais je ne me hâtai pas de poser la question, d'autant plus qu'à partir de ce moment, tout mon plan consistait à passer le plus de temps possible dans sa société. Il s'écoula une bonne minute avant que je risquasse :

« J'ai eu plus de chance que je ne l'espérais. Elle a été très bonne de me recevoir. Peut-être aviez-vous dit un mot en ma faveur ?

— C'est l'idée de l'argent, dit miss Tina.

— Et est-ce vous qui avez suggéré cette idée ?

— Je lui ai dit que peut-être payeriez-vous largement.

"What made you think that?"

"I told her I thought you were rich."

"And what put that idea into your head?"

"I don't know; the way you talked."

"Dear me, I must talk differently now," I declared. "I'm sorry to say it's not the case."

"Well," said Miss Tita, "I think that in Venice the forestieri, in general, often give a great deal for something that after all isn't much."

She appeared to make this remark with a comforting intention, to wish to remind me that if I had been extravagant I was not really foolishly singular. We walked together along the sala, and as I took its magnificent measure I said to her that I was afraid it would not form a part of my quartiere. Were my rooms by chance to be among those that opened into it?

"Not if you go above, on the second floor," she answered with a little startled air, as if she had rather taken for granted I would know my proper place.

"And I infer that that's where your aunt would like me to be."

— Qui vous a fait penser cela ?

— Je lui ai dit que je pensais que vous étiez riche.

— Qu'est-ce qui a pu vous mettre cela dans la tête ?

— Je ne sais pas ; la façon dont vous parliez.

— Mon Dieu ! dis-je, il va falloir que je parle autrement maintenant... J'ai le regret de vous dire que tel n'est pas mon cas.

— De fait, dit miss Tina, je crois qu'à Venise les *forestieri*, en général, paient souvent très cher des choses qui après tout n'ont guère de valeur. »

Elle me parut faire cette remarque dans l'intention consolante de désirer me persuader que, si je m'étais montré prodigue, ma bêtise n'était pas sans précédents. Nous marchions tout le long de la sala, et, tandis que je me rendais compte de ses proportions magnifiques, je dis que je craignais qu'elle ne fit pas partie de mon quartiere. Mes chambres seraient-elles, par une chance heureuse, de celles qui y donnaient ?

« Pas si vous habitez au-dessus, si vous allez là-haut, au second, répondit-elle en personne qui comptait que je saurais me tenir à ma place.

— Et j'infère de vos paroles que c'est là que votre tante désire que je sois.

"She said your apartments ought to be very distinct."

"That certainly would be best."

And I listened with respect while she told me that up above I was free to take whatever I liked; that there was another staircase, but only from the floor on which we stood, and that to pass from it to the garden-story or to come up to my lodging I should have in effect to cross the great hall.

This was an immense point gained; I foresaw that it would constitute my whole leverage in my relations with the two ladies. When I asked Miss Tita how I was to manage at present to find my way up she replied with an access of that sociable shyness which constantly marked her manner.

"Perhaps you can't. I don't see—unless I should go with you."

She evidently had not thought of this before.

We ascended to the upper floor and visited a long succession of empty rooms. The best of them looked over the garden; some of the others had a view of the blue lagoon, above the opposite rough-tiled housetops. They were all dusty and even a little disfigured with long neglect, but I saw that by spending a few hundred francs

— Elle a dit que vos appartements devraient être aussi indépendants que possible.

— Ce sera certainement le mieux. »

Et je l'écoutai respectueusement pendant qu'elle me racontait que là-haut, je pourrais occuper tout ce qu'il me plairait ; qu'il y avait un autre escalier, mais qu'il ne partait que de l'étage où nous nous trouvions et que, pour gagner le jardin ou monter à mon appartement, il me faudrait en effet traverser la grande salle.

C'était un point immense de gagné : je vis tout de suite que ce serait là que s'établirait le niveau de mes relations avec ces deux dames. Lorsque je demandai à miss Tina comment j'allais faire à présent pour trouver mon chemin jusqu'au second, elle répondit, dans un de ces accès de sociabilité timide qui lui prenaient fréquemment :

« Peut-être ne le trouverez-vous pas, je ne sais pas, à moins que je vous accompagne. »

Évidemment, elle n'y avait pas encore pensé.

Nous montâmes à l'étage supérieur et visitâmes une longue enfilade de chambres vides. Les meilleures d'entre elles donnaient sur le jardin : quelques-unes des autres avaient la vue de la lagune bleue par-dessus les toits de tuiles grossières. Toutes étaient poussiéreuses et même un peu délabrées, à cause de leur long abandon, mais je vis qu'en y dépensant quelques centaines de francs,

I should be able to convert three or four of them into a convenient habitation. My experiment was turning out costly, yet now that I had all but taken possession I ceased to allow this to trouble me.

I mentioned to my companion a few of the things that I should put in, but she replied rather more precipitately than usual that I might do exactly what I liked; she seemed to wish to notify me that the Misses Bordereau would take no overt interest in my proceedings. I guessed that her aunt had instructed her to adopt this tone, and I may as well say now that I came afterward to distinguish perfectly (as I believed) between the speeches she made on her own responsibility and those the old lady imposed upon her.

She took no notice of the unswept condition of the rooms and indulged in no explanations nor apologies. I said to myself that this was a sign that Juliana and her niece (disenchanting idea!) were untidy persons, with a low Italian standard; but I afterward recognized that a lodger who had forced an entrance had no locus standi as a critic. We looked out of a good many windows, for there was nothing within the rooms to look at, and still I wanted to linger.

je réussirais à en rendre trois ou quatre habitables. Mon expérience menaçait de devenir coûteuse, mais, maintenant que j'avais pour ainsi dire pris possession, je résolus de ne plus me tourmenter à ce propos.

J'informai mon interlocutrice de quelques-unes des choses que j'allais apporter, mais elle répondit, d'un ton plus précipité qu'à l'habitude, que je pouvais faire tout ce qu'il me plairait : elle semblait désirer me convaincre que les demoiselles Bordereau ne porteraient que l'intérêt le plus distant à mes faits et gestes. Je devinai que sa tante lui avait prescrit de prendre ce ton, et je dirai, dès maintenant, que j'arrivai par la suite à distinguer parfaitement — du moins, à mon avis — les discours qui venaient de son propre fonds de ceux que la vieille femme lui dictait.

Elle n'accorda aucune attention à l'état négligé des chambres qui de longtemps n'avaient été balayées, et ne m'offrit ni explications ni excuses. Je pensai que c'était là une preuve que Juliana et sa nièce — ô désenchantement ! — étaient des personnes désordonnées, aux habitudes de basse classe italienne ; mais je reconnus, plus tard, qu'un pensionnaire qui a forcé l'entrée d'une maison n'est pas dans la situation voulue pour exercer sainement sa critique. Nous regardâmes la vue de mainte et mainte fenêtre, car il n'y avait rien à regarder à l'intérieur, et cependant je désirais prolonger ma visite.

I asked her what several different objects in the prospect might be, but in no case did she appear to know. She was evidently not familiar with the view — it was as if she had not looked at it for years — and I presently saw that she was too preoccupied with something else to pretend to care for it. Suddenly she said — the remark was not suggested:

"I don't know whether it will make any difference to you, but the money is for me."

"The money?"

"The money you are going to bring."

"Why, you'll make me wish to stay here two or three years."

I spoke as benevolently as possible, though it had begun to act on my nerves that with these women so associated with Aspern the pecuniary question should constantly come back.

"That would be very good for me," she replied, smiling.

"You put me on my honor!"

She looked as if she failed to understand this, but went on: "She wants me to have more. She thinks she is going to die."

Je lui demandai quelles pouvaient être diverses particularités de la vue que nous avions sous les yeux, mais dans aucun cas elle ne sut me répondre. Évidemment la vue ne lui était pas familière ; peut-être était-elle demeurée plusieurs années sans la voir, et je m'aperçus bientôt qu'elle était trop préoccupée d'autre chose pour pouvoir même prétendre s'y intéresser. Soudainement elle me dit — la remarque ne lui était pas soufflée, cette fois :

« Je ne sais si cela vous fera quelque chose, mais l'argent est pour moi.

— L'argent ?…

— L'argent que vous allez apporter.

— Mais alors vous allez me faire souhaiter de rester ici deux ou trois ans ! »

Je parlais avec autant d'aisance qu'il m'était possible, bien que je commençasse à m'énerver de ce que ces femmes tant associées à Aspern ramenassent si constamment la question d'argent sur le tapis.

« Ce serait excellent pour moi, répondit-elle presque gaiement.

— Vous m'en faites un point d'honneur ! »

Elle me regarda comme si elle n'avait pas compris, puis continua : « Elle voudrait que j'en aie davantage. Elle croit qu'elle va mourir.

"Ah, not soon, I hope!" I exclaimed with genuine feeling.

I had perfectly considered the possibility that she would destroy her papers on the day she should feel her end really approach. I believed that she would cling to them till then, and I think I had an idea that she read Aspern's letters over every night or at least pressed them to her withered lips. I would have given a good deal to have a glimpse of the latter spectacle.

I asked Miss Tita if the old lady were seriously ill, and she replied that she was only very tired — she had lived so very, very long. That was what she said herself — she wanted to die for a change. Besides, all her friends were dead long ago; either they ought to have remained or she ought to have gone. That was another thing her aunt often said — she was not at all content.

"But people don't die when they like, do they?" Miss Tita inquired.

I took the liberty of asking why, if there was actually enough money to maintain both of them, there would not be more than enough in case of her being left alone. She considered this difficult problem a moment and then she said,

— Ah ! pas encore, j'espère ! » m'écriai-je avec une sincère émotion.

J'avais parfaitement envisagé la possibilité de la destruction des documents par la vieille femme le jour où elle se sentirait près de sa fin. Je pensais que, jusque-là, elle s'y cramponnerait, et j'étais également convaincu qu'elle relisait chaque soir les lettres d'Aspern, ou qu'au moins, elle les pressait sur ses lèvres flétries. J'aurais donné beaucoup pour jouir un instant de ces solennités.

Je demandai à miss Tina si sa vieille parente était sérieusement malade ; elle répondit qu'elle était seulement très fatiguée — elle avait vécu si longtemps ! Elle le disait elle-même : elle avait vécu si extraordinairement longtemps, elle voudrait bien mourir, rien que pour changer. D'ailleurs, tous ses amis étaient morts depuis longtemps : ou ils auraient dû rester, ou elle aurait dû partir. C'était encore une de ces choses que sa tante disait souvent, qu'elle n'était pas du tout résignée, c'est-à-dire résignée à vivre.

« Mais on ne meurt pas quand on le veut, n'est-ce pas ? » demanda miss Tina.

Je pris la liberté de demander pourquoi, étant donné qu'elles avaient actuellement assez d'argent pour vivre toutes deux, il n'y en aurait pas plus qu'assez au cas où elle demeurerait seule. Elle se livra à la considération de ce problème difficile pendant un moment, puis elle dit :

"Oh, well, you know, she takes care of me. She thinks that when I'm alone I shall be a great fool, I shall not know how to manage."

"I should have supposed that you took care of her. I'm afraid she is very proud."

"Why, have you discovered that already?" Miss Tita cried with the glimmer of an illumination in her face.

"I was shut up with her there for a considerable time, and she struck me, she interested me extremely. It didn't take me long to make my discovery. She won't have much to say to me while I'm here."

"No, I don't think she will," my companion averred.

"Do you suppose she has some suspicion of me?"

Miss Tita's honest eyes gave me no sign that I had touched a mark.

"I shouldn't think so—letting you in after all so easily."

"Oh, so easily! she has covered her risk. But where is it that one could take an advantage of her?"

"I oughtn't to tell you if I knew, ought I?"

« Oh bien ! vous savez, elle prend soin de moi. Elle croit que quand je serai livrée à moi-même je serai fort sotte et incapable de me tirer d'affaire.

— J'aurais plutôt supposé que c'était vous qui preniez soin d'elle. Je crains qu'elle ne soit très orgueilleuse.

— Quoi ! vous avez déjà découvert cela ? s'écria miss Tina, avec une ombre de surprise joyeuse.

— J'ai été enfermé avec elle pendant un temps considérable et elle m'a frappé, elle m'a intéressé au plus haut point. Ma découverte ne m'a pas pris longtemps. Elle n'aura pas grand-chose à me dire pendant mon séjour.

— Non, je ne le crois pas, acquiesça ma compagne.

— Supposez-vous qu'elle me soupçonne de quelque chose ? »

Les yeux honnêtes de miss Tina ne révélèrent en rien que j'avais touché un endroit sensible :

« Je ne le crois pas : elle vous a accueilli si facilement, après tout !

— Vous appelez cela facilement ? Ses risques sont couverts, dis-je. Mais par où quelqu'un pourrait-il la tenir ?

— Si je le savais, je ne devrais pas vous le dire, n'est-ce pas ? »

And Miss Tita added, before I had time to reply to this, smiling dolefully, "Do you think we have any weak points?"

"That's exactly what I'm asking. You would only have to mention them for me to respect them religiously."

She looked at me, at this, with that air of timid but candid and even gratified curiosity with which she had confronted me from the first; and then she said, "There is nothing to tell. We are terribly quiet. I don't know how the days pass. We have no life."

"I wish I might think that I should bring you a little."

"Oh, we know what we want," she went on. "It's all right."

There were various things I desired to ask her: how in the world they did live; whether they had any friends or visitors, any relations in America or in other countries. But I judged such an inquiry would be premature; I must leave it to a later chance.

"Well, don't YOU be proud," I contented myself with saying. "Don't hide from me altogether."

"Oh, I must stay with my aunt," she returned, without looking at me.

Et avant que j'aie le temps de répliquer, miss Tina ajouta, avec un sourire dolent :

« Croyez-vous que nous ayons des faiblesses ?

— C'est exactement ce que je vous demande. Vous n'avez qu'à me les indiquer, je les respecterai religieusement. »

Là-dessus elle me regarda avec cet air de curiosité timide, mais candide et même reconnaissante, que depuis le début elle avait avec moi ; après quoi elle prononça :

« Il n'y a rien à dire. Nous sommes tellement paisibles. Je ne sais comment les jours passent. Notre vie n'existe pas.

— Je voudrais pouvoir espérer que je vous en donnerai un peu.

— Oh ! nous savons ce qui nous convient, poursuivit-elle. C'est bien ainsi. »

Il y avait vingt choses que j'avais envie de lui demander : comment vraiment elles vivaient, si elles avaient des amis, des relations, quelques parents en Amérique ou dans d'autres pays. Mais je jugeai une telle enquête prématurée, je la remis à une autre occasion.

« Eh bien, ne soyez pas orgueilleuse, vous au moins, me contentai-je de dire. Ne vous cachez pas de moi complètement.

— Oh ! il faut que je reste avec ma tante », répondit-elle sans me regarder.

And at the same moment, abruptly, without any ceremony of parting, she quitted me and disappeared, leaving me to make my own way downstairs. I remained a while longer, wandering about the bright desert (the sun was pouring in) of the old house, thinking the situation over on the spot. Not even the pattering little serva came to look after me, and I reflected that after all this treatment showed confidence.

Et à ce même instant, brusquement, sans aucune formalité d'adieu, elle me quitta et disparut, me laissant le soin de descendre tout seul. Je restai un moment, m'égarant dans ce désert chatoyant qu'était la vieille maison (le soleil l'inondait alors de ses rayons), retournant la situation dans tous les sens, là, sur les lieux. Il ne vint même pas la petite servante aux talons sonores pour m'escorter, et je pensai qu'après tout une telle façon d'agir prouvait au moins de la confiance.

4

Perhaps it did, but all the same, six weeks later, toward the middle of June, the moment when Mrs. Prest undertook her annual migration, I had made no measurable advance. I was obliged to confess to her that I had no results to speak of. My first step had been unexpectedly rapid, but there was no appearance that it would be followed by a second. I was a thousand miles from taking tea with my hostesses — that privilege of which, as I reminded Mrs. Prest, we both had had a vision. She reproached me with wanting boldness, and I answered that even to be bold you must have an opportunity: you may push on through a breach but you can't batter down a dead wall.

She answered that the breach I had already made was big enough to admit an army and accused me of wasting precious hours in whimpering in her salon

4

Peut-être l'indiquait-elle, mais tout de même six semaines plus tard, vers le milieu de juin, au moment où Mrs. Prest se préparait à entreprendre sa migration annuelle, je n'avais fait aucune avance sensible. Je fus obligé de lui confesser que je n'avais obtenu aucun résultat, pour parler franchement. Mes premiers pas avaient été d'une rapidité inattendue, mais ne paraissaient pas devoir être suivis d'autres. J'étais à mille lieues de prendre le thé avec mes hôtesses, privauté dont — ainsi que je le rappelai à mon excellente amie — nous avions tous deux eu la vision. Elle me reprocha de manquer d'audace, et je répondis que, même pour montrer de l'audace, il faut des occasions ; vous pouvez vous lancer à travers une brèche ouverte, mais vous ne pouvez pas renverser un mur à vous tout seul.

Elle répliqua que la brèche que j'avais déjà faite suffisait au passage d'une armée, et elle m'accusa de perdre des heures précieuses à gémir dans son salon

when I ought to have been carrying on the struggle in the field. It is true that I went to see her very often, on the theory that it would console me (I freely expressed my discouragement) for my want of success on my own premises. But I began to perceive that it did not console me to be perpetually chaffed for my scruples, especially when I was really so vigilant; and I was rather glad when my derisive friend closed her house for the summer. She had expected to gather amusement from the drama of my intercourse with the Misses Bordereau, and she was disappointed that the intercourse, and consequently the drama, had not come off.

"They'll lead you on to your ruin," she said before she left Venice. "They'll get all your money without showing you a scrap."

I think I settled down to my business with more concentration after she had gone away.

It was a fact that up to that time I had not, save on a single brief occasion, had even a moment's contact with my queer hostesses. The exception had occurred when I carried them according to my promise the terrible three thousand francs. Then I found Miss Tita waiting for me in the hall, and she took the money from my hand so that I did not see her aunt. The old lady had promised to receive me, but she apparently thought nothing of breaking that vow. The money was contained in

au lieu de livrer bataille sur le front. C'est vrai que j'allais la voir très souvent, d'après la théorie que je trouvais auprès d'elle la consolation bien due à l'insuccès de mon entreprise — car j'exprimais ouvertement mon découragement. Mais je finis par sentir qu'il n'est pas du tout consolant d'être perpétuellement raillé pour ses scrupules, d'autant plus injustement que, réellement, j'étais toujours à l'affût ; et je fus plutôt satisfait lorsque mon ironique amie ferma sa maison pour tout l'été. Elle avait compté s'amuser de la comédie de mes rapports avec les misses Bordereau, et était désappointée que ces rapports eussent avorté — et la comédie aussi, par conséquent.

« Elles vous mèneront à la ruine, me dit-elle avant de quitter Venise. Elles vous soutireront tout votre argent sans vous montrer le moindre bout de papier. »

Je crois que je m'attelai à mon affaire avec une attention plus soutenue après son départ.

C'était un fait que, jusqu'alors, je n'avais pas, sauf en une seule et brève occasion, eu un moment de contact avec mes étranges hôtesses. Cette exception s'était produite lorsque, selon ma promesse, je leur portai les terribles trois mille francs. J'avais trouvé miss Tina m'attendant dans la sala, et elle me prit l'argent des mains avec une promptitude qui m'ôta toute possibilité de voir sa tante. La vieille dame avait cependant promis de me recevoir et manquait à sa promesse sans l'ombre d'un scrupule. L'argent était contenu dans

a bag of chamois leather, of respectable dimensions, which my banker had given me, and Miss Tita had to make a big fist to receive it.

This she did with extreme solemnity, though I tried to treat the affair a little as a joke. It was in no jocular strain, yet it was with simplicity, that she inquired, weighing the money in her two palms: "Don't you think it's too much?" To which I replied that that would depend upon the amount of pleasure I should get for it. Hereupon she turned away from me quickly, as she had done the day before, murmuring in a tone different from any she had used hitherto: "Oh, pleasure, pleasure — there's no pleasure in this house!"

After this, for a long time, I never saw her, and I wondered that the common chances of the day should not have helped us to meet. It could only be evident that she was immensely on her guard against them; and in addition to this the house was so big that for each other we were lost in it. I used to look out for her hopefully as I crossed the sala in my comings and goings, but I was not rewarded with a glimpse of the tail of her dress. It was as if she never peeped out of her aunt's apartment. I used to wonder what she did there week after week and year after year. I had never encountered such a violent parti pris of seclusion; it was more than

un sac de peau de chamois, de dimensions respectables, que mon banquier m'avait donné, et miss Tina fut obligée de joindre ses deux mains pour le recevoir.

Elle le fit avec une extrême solennité, bien que j'essayasse de tourner la chose en plaisanterie. Si ce ne fut pas dans le mode joyeux, ce fut néanmoins avec une franchise voisine de l'entrain qu'elle me demanda, soupesant l'argent dans ses deux paumes unies : « Ne pensez-vous pas que c'est trop ? » À quoi je répondis que cela dépendrait de la somme de plaisir que j'en retirerais. Là-dessus, elle se détourna de moi raidement, comme le jour précédent, murmurant d'un ton différent de tous ceux qu'elle avait employés jusque-là :

« Du plaisir, du plaisir ! Il n'y a pas de plaisir dans cette maison ! »

Après cela je ne la vis pas de longtemps. Je m'étonnais qu'aucune occasion de la vie commune ne vînt favoriser nos rencontres. Il était évident qu'elle était sur ses gardes pour les éviter, et il faut ajouter que la maison était si grande que nous y étions perdus l'un pour l'autre. J'étais tout animé de l'espoir de la découvrir quand je traversais la sala dans mes allées et venues, mais je n'étais même pas récompensé par la moindre vision de sa robe. C'était absolument comme si elle ne mettait jamais le nez hors de l'appartement de sa tante. Je me demandais ce qu'elle pouvait bien taire là, de jour en jour et d'année en année. De ma vie je n'avais rencontré une telle volonté de réclusion : c'était pire que

keeping quiet—it was like hunted creatures feigning death. The two ladies appeared to have no visitors whatever and no sort of contact with the world. I judged at least that people could not have come to the house and that Miss Tita could not have gone out without my having some observation of it. I did what I disliked myself for doing (reflecting that it was only once in a way): I questioned my servant about their habits and let him divine that I should be interested in any information he could pick up. But he picked up amazingly little for a knowing Venetian: it must be added that where there is a perpetual fast there are very few crumbs on the floor.

His cleverness in other ways was sufficient, if it was not quite all that I had attributed to him on the occasion of my first interview with Miss Tita. He had helped my gondolier to bring me round a boatload of furniture; and when these articles had been carried to the top of the palace and distributed according to our associated wisdom he organized my household with such promptitude as was consistent with the fact that it was composed exclusively of himself. He made me in short as comfortable as I could be with my indifferent prospects. I should have been glad if he had fallen in love with Miss Bordereau's maid or, failing this, had taken her in aversion; either event might have brought about some kind of catastrophe,

de mener une vie obscure ; c'était comme l'existence de deux créatures pourchassées, et simulant la mort. Les deux dames ne paraissaient recevoir aucune visite, n'avoir aucun contact avec le monde. Car il me semblait bien que personne ne pouvait entrer dans la maison ni que miss Tina ne pouvait en sortir, sans que je m'en aperçusse. Je fis ce que je n'aimais pas faire, mais je me le pardonnai pour une lois : je questionnai mon domestique sur leurs habitudes, et lui laissai entendre que toute information à leur sujet qu'il pourrait obtenir serait intéressante pour moi. Mais il récolta étonnamment peu pour le fin Vénitien qu'il était. Il faut bien dire que, là où règne un jeûne perpétuel, peu de miettes tombent de la table.

Les capacités de mon serviteur dans d'autres branches étaient suffisantes, sinon absolument à la hauteur de celles que je lui avais attribuées à ma première entrevue avec miss Tina. Il avait aidé mon gondolier à m'amener une charretée de mobilier ; et, quand ces divers objets furent arrivés en haut du palais et distribués suivant les règles de notre commune sagesse, il organisa mon train de maison, lui donnant toute la dignité compatible avec le fait qu'il le constituait à lui tout seul. Bref, il me fit une vie aussi confortable que l'instabilité de mon avenir pouvait le permettre. J'aurais désiré qu'il tombât amoureux de la servante de miss Bordereau ou, à défaut de cela, qu'il la prît en aversion : chacun de ces événements pouvait provoquer une catastrophe,

and a catastrophe might have led to some parley. It was my idea that she would have been sociable, and I myself on various occasions saw her flit to and fro on domestic errands, so that I was sure she was accessible.

But I tasted of no gossip from that fountain, and I afterward learned that Pasquale's affections were fixed upon an object that made him heedless of other women. This was a young lady with a powdered face, a yellow cotton gown, and much leisure, who used often to come to see him. She practiced, at her convenience, the art of a stringer of beads (these ornaments are made in Venice, in profusion; she had her pocket full of them, and I used to find them on the floor of my apartment), and kept an eye on the maiden in the house. It was not for me of course to make the domestics tattle, and I never said a word to Miss Bordereau's cook.

It seemed to me a proof of the old lady's determination to have nothing to do with me that she should never have sent me a receipt for my three months' rent. For some days I looked out for it and then, when I had given it up, I wasted a good deal of time in wondering what her reason had been for neglecting so indispensable and familiar a form. At first I was tempted to send her a reminder, after which I relinquished the idea

et une catastrophe pouvait mener à une conversation. J'avais l'idée qu'elle ne demandait qu'à se montrer sociable, et, comme je la voyais voleter, ici et là, allant exécuter quelques courses pour la maison, il était donc possible d'entrer en rapport avec elle.

Mais ma soif d'information ne put se désaltérer à cette fontaine et j'appris plus tard que les affections de Pasquale s'étaient fixées sur un objet qui le rendait indifférent à toute autre femme. C'était une jeune personne qui possédait un visage *poudrederizé* et venait souvent le voir. Elle pratiquait le métier d'enfileuse de perles — quand cela lui convenait —, ces ornements se fabriquant à profusion dans Venise ; ses poches en étaient pleines et j'en rencontrais perpétuellement sur le sol de mon appartement, et, dans la maison, elle observait d'un œil méfiant sa rivale possible. Bien entendu, ce n'était pas à moi de faire bavarder les domestiques et je n'adressai jamais la parole à la cuisinière de miss Bordereau.

Une preuve me frappa de cette résolution prise par la vieille femme de n'avoir jamais affaire à moi : elle ne m'envoya aucun reçu des trois mille francs que j'avais payés pour ma location. Je l'attendis pendant quelques jours, puis, quand j'y eus renoncé, je perdis bien du temps à me demander quelle pouvait être sa raison de négliger une formalité aussi courante et aussi indispensable. Au premier moment, je fus tenté de le lui réclamer ; après quoi, je renonçai à cette idée

(against my judgment as to what was right in the particular case), on the general ground of wishing to keep quiet.

If Miss Bordereau suspected me of ulterior aims she would suspect me less if I should be businesslike, and yet I consented not to be so. It was possible she intended her omission as an impertinence, a visible irony, to show how she could overreach people who attempted to overreach her. On that hypothesis it was well to let her see that one did not notice her little tricks. The real reading of the matter, I afterward perceived, was simply the poor old woman's desire to emphasize the fact that I was in the enjoyment of a favor as rigidly limited as it had been liberally bestowed. She had given me part of her house, and now she would not give me even a morsel of paper with her name on it.

Let me say that even at first this did not make me too miserable, for the whole episode was essentially delightful to me. I foresaw that I should have a summer after my own literary heart, and the sense of holding my opportunity was much greater than the sense of losing it. There could be no Venetian business without patience, and since I adored the place I was much more in the spirit of it for having laid in a large provision.

— bien que je fusse convaincu que j'aurais eu raison de le faire en ce cas particulier — pour m'en tenir à la résolution générale de ne soulever aucune difficulté.

Si pourtant miss Bordereau me soupçonnait de nourrir des plans ultérieurs, peut-être me soupçonnerait-elle moins en me voyant user avec elle de procédés d'affaires. Cependant je renonçai à les employer. Il était possible qu'à ses yeux cette omission jouât le rôle d'une impertinence, d'une ironie bien visible, pour montrer comment elle savait traiter de haut les gens qui avaient essayé de la traiter de même. D'après cette hypothèse, il était bon de lui faire voir que ses petits manèges passaient inaperçus. La réelle explication de la chose — je le découvris plus tard — était tout simplement le désir éprouvé par la pauvre dame de souligner le fait que je jouissais d'une faveur aussi sévèrement limitée qu'elle avait été libéralement octroyée. Elle m'avait donné une partie de sa maison, mais à cela elle n'ajouterait pas la moindre feuille de papier avec son nom dessus.

Je dois dire que même au premier moment cela ne me fut pas trop désagréable, car la situation entière me charmait par son originalité. Je prévoyais un été fait à souhait pour mon âme d'homme de lettres et la sensation d'exploiter l'étonnante occasion était infiniment plus puissante que celle d'être exploité moi-même. Une intrigue vénitienne ne pouvait se poursuivre sans patience et, du moment que j'adorais les lieux, j'entrais beaucoup plus dans leur esprit en en accumulant une forte provision.

That spirit kept me perpetual company and seemed to look out at me from the revived immortal face—in which all his genius shone—of the great poet who was my prompter. I had invoked him and he had come; he hovered before me half the time; it was as if his bright ghost had returned to earth to tell me that he regarded the affair as his own no less than mine and that we should see it fraternally, cheerfully to a conclusion. It was as if he had said, "Poor dear, be easy with her; she has some natural prejudices; only give her time. Strange as it may appear to you she was very attractive in 1820. Meanwhile are we not in Venice together, and what better place is there for the meeting of dear friends? See how it glows with the advancing summer; how the sky and the sea and the rosy air and the marble of the palaces all shimmer and melt together."

My eccentric private errand became a part of the general romance and the general glory—I felt even a mystic companionship, a moral fraternity with all those who in the past had been in the service of art. They had worked for beauty, for a devotion; and what else was I doing? That element was in everything that Jeffrey Aspern had written, and I was only bringing it to the light.

Cet esprit de Venise me tenait une constante compagnie et semblait me regarder à travers le visage, immortel et ressuscité et tout rayonnant de génie, du grand poète qui m'inspirait. Je l'avais invoqué et il était venu : il errait autour de moi la moitié du temps ; c'était comme si son beau fantôme était revenu sur terre pour m'assurer qu'il tenait cette affaire comme sienne autant que mienne, et que nous l'amènerions fraternellement et tendrement à sa conclusion. C'était comme s'il me disait : « La pauvre amie, ne la bousculez pas, ses préjugés sont naturels ; laissez-lui le temps de se reconnaître ; quelque étrange que cela doive vous sembler, elle était fort séduisante en 1820. En somme, nous sommes à Venise ensemble, et quel lieu du monde serait préférable pour la rencontre de deux amis ? Voyez comme la ville s'épanouit à mesure que l'été s'avance : comme le ciel, et la mer, et l'air rose, et le marbre des palais frémissent et se fondent tous à la fois ! »

Mon propre but, mon drôle de but personnel devenait un élément de poésie ambiante et de l'exaltation générale ; je me sentais même un compagnonnage mystique, une fraternité morale avec tous ceux qui, dans le passé, s'étaient enrôlés au service de l'art. Ils avaient servi le beau, ils s'étaient voués à un culte ; que faisais-je d'autre ? On le retrouvait, cet élément, dans tout ce qu'avait écrit Jeffrey Aspern, et je ne faisais que l'amener au jour.

I lingered in the sala when I went to and fro; I used to watch—as long as I thought decent—the door that led to Miss Bordereau's part of the house. A person observing me might have supposed I was trying to cast a spell upon it or attempting some odd experiment in hypnotism. But I was only praying it would open or thinking what treasure probably lurked behind it.

I hold it singular, as I look back, that I should never have doubted for a moment that the sacred relics were there; never have failed to feel a certain joy at being under the same roof with them. After all they were under my hand—they had not escaped me yet; and they made my life continuous, in a fashion, with the illustrious life they had touched at the other end. I lost myself in this satisfaction to the point of assuming—in my quiet extravagance—that poor Miss Tita also went back, went back, as I used to phrase it. She did indeed, the gentle spinster, but not quite so far as Jeffrey Aspern, who was simply hearsay to her, quite as he was to me. Only she had lived for years with Juliana, she had seen and handled the papers and (even though she was stupid) some esoteric knowledge had rubbed off on her.

That was what the old woman represented— esoteric knowledge; and this was the idea with which

Au cours de mes allées et venues je m'attardais dans la sala, je restais là aussi longtemps que les convenances me le permettaient, épiant la porte qui menait à cette partie de la maison habitée par miss Bordereau. Un observateur aurait pu supposer que je tentais de lui jeter un sort, ou que j'essayais quelque bizarre expérience d'hypnotisme. Mais je me bornais à prier le ciel qu'elle s'ouvrît, ou à songer quel trésor y était probablement enfoui.

Il est singulier, quand j'y repense, que je n'aie jamais douté un moment que les reliques sacrées fussent là, jamais cessé de goûter la joie d'habiter sous le même toit qu'elles-mêmes. Après tout, elles étaient là, sous ma main ; elles ne m'avaient pas encore échappé ; et, en quelque sorte, elles rattachaient ma vie à la vie illustre à laquelle elles-mêmes tenaient par l'autre bout. Je m'abandonnai à ces rêves au point de me figurer dans ma douce folie que la pauvre miss Tina aussi rétrogradait et se réincarnait dans le passé, ainsi que je me l'exprimais à moi-même. C'était bien ce qu'elle faisait, la douce vieille fille, mais pas tout à fait jusqu'à Jeffrey Aspern, dont, tout comme moi, elle ne pouvait connaître l'existence que par ouï-dire. Mais depuis de longues années elle vivait avec Juliana, elle avait vu et manié tous les souvenirs et, bien qu'elle fût sotte, elle s'était imbibée d'une espèce de savoir ésotérique.

Voilà ce que représentait la vieille en ce monde : le savoir ésotérique ; et c'était cette idée même qui faisait

my editorial heart used to thrill. It literally beat faster often, of an evening, when I had been out, as I stopped with my candle in the re-echoing hall on my way up to bed. It was as if at such a moment as that, in the stillness, after the long contradiction of the day, Miss Bordereau's secrets were in the air, the wonder of her survival more palpable. These were the acute impressions. I had them in another form, with more of a certain sort of reciprocity, during the hours that I sat in the garden looking up over the top of my book at the closed windows of my hostess.

In these windows no sign of life ever appeared; it was as if, for fear of my catching a glimpse of them, the two ladies passed their days in the dark. But this only proved to me that they had something to conceal; which was what I had wished to demonstrate. Their motionless shutters became as expressive as eyes consciously closed, and I took comfort in thinking that at all events through invisible themselves they saw me between the lashes.

I made a point of spending as much time as possible in the garden, to justify the picture I had originally given of my horticultural passion. And I not only spent time, but (hang it! as I said) I spent money. As soon as I had got my rooms arranged

palpiter mon cœur de critique. Littéralement, il battait souvent plus fort, les soirs où, rentrant me coucher, je m'arrêtais, mon bougeoir à la main, dans la salle pleine d'échos. C'était à ces moments-là, dans le profond silence, une fois le long paradoxe de la journée écoulée, que les secrets de miss Bordereau venaient flotter dans l'air, que le prodige de sa survivance devenait plus saisissant. Celles-là étaient des impressions intenses ; j'en éprouvais d'autres sous une autre forme avec une certaine apparence de réciprocité, pendant les heures que je passais, assis dans le jardin, à regarder par-dessus mon livre les fenêtres closes de mes hôtesses.

À ces fenêtres, nul signe d'une existence quelconque. Il semblait que, de peur d'être seulement entr'aperçues de moi, les deux dames se fussent condamnées à vivre dans les ténèbres. Mais ceci ne servait qu'à souligner qu'elles avaient quelque chose à cacher. Leurs volets immobiles me devinrent aussi expressifs que des yeux volontairement clos, et je trouvai un certain plaisir à penser que, bien qu'invisibles elles-mêmes, elles ne me quittaient pas de vue à travers leurs paupières baissées.

Je tenais à passer le plus de temps possible dans le jardin pour justifier la déclaration que j'avais faite, au début, de ma passion pour l'horticulture. Et non seulement cette attitude me coûtait du temps, mais aussi — que le diable m'emporte ! me dis-je — de l'argent, de mon rare et précieux argent. Aussitôt que mes chambres avaient été arrangées

and could give the proper thought to the matter I surveyed the place with a clever expert and made terms for having it put in order.

I was sorry to do this, for personally I liked it better as it was, with its weeds and its wild, rough tangle, its sweet, characteristic Venetian shabbiness. I had to be consistent, to keep my promise that I would smother the house in flowers. Moreover I formed this graceful project that by flowers I would make my way—I would succeed by big nosegays. I would batter the old women with lilies—I would bombard their citadel with roses. Their door would have to yield to the pressure when a mountain of carnations should be piled up against it. The place in truth had been brutally neglected. The Venetian capacity for dawdling is of the largest, and for a good many days unlimited litter was all my gardener had to show for his ministrations. There was a great digging of holes and carting about of earth, and after a while I grew so impatient that I had thoughts of sending for my bouquets to the nearest stand. But I reflected that the ladies would see through the chinks of their shutters that they must have been bought and might make up their minds from this that I was a humbug.

et que j'avais pu prêter à cette question l'attention convenable, je visitai le terrain avec un expert consommé et fis marché pour sa mise en état.

Au fond, je regrettai d'agir ainsi, car personnellement je le préférais tel qu'il était, avec ses mauvaises herbes et son abondant désordre sauvage, sa négligence exquise, si caractéristique et si vénitienne. Mais il me fallait être conséquent, tenir la promesse que j'avais faite d'ensevelir la maison sous les fleurs. Et puis, je me cramponnais au doux espoir que, grâce aux fleurs, je ferais mon chemin ; les bouquets assureraient mon triomphe. J'assiégerais les vieilles de lis, je bombarderais de roses leur citadelle. Leur porte céderait à la pression de l'entassement de parfums que j'y accumulerais. Mais vraiment ce terrain avait été négligé d'une façon ignoble ; et, la capacité vénitienne pour la flânerie étant immense, pendant bon nombre de jours, tout ce que mon jardinier eut à me montrer comme fruit de ses travaux fut un tas illimité d'ordures. On creusait beaucoup de trous, on transportait beaucoup de terre, et cela m'impatientait tellement que je songeai sérieusement à me procurer les résultats désirés à la boutique la pl us proche. Mais j'étais sûr que mes voisines verraient immédiatement à travers les fentes de leurs volets que de tels hommages ne pouvaient venir de là-dessous et seraient induites à se faire une idée fausse de ma véracité.

So I composed myself and finally, though the delay was long, perceived some appearances of bloom. This encouraged me, and I waited serenely enough till they multiplied.

Meanwhile the real summer days arrived and began to pass, and as I look back upon them they seem to me almost the happiest of my life. I took more and more care to be in the garden whenever it was not too hot. I had an arbor arranged and a low table and an armchair put into it; and I carried out books and portfolios (I had always some business of writing in hand), and worked and waited and mused and hoped, while the golden hours elapsed and the plants drank in the light and the inscrutable old palace turned pale and then, as the day waned, began to flush in it and my papers rustled in the wandering breeze of the Adriatic.

Considering how little satisfaction I got from it at first it is remarkable that I should not have grown more tired of wondering what mystic rites of ennui the Misses Bordereau celebrated in their darkened rooms; whether this had always been the tenor of their life and how in previous years they had escaped elbowing their neighbors.

It was clear that they must have had other habits and other circumstances; that they must once have been young or at least middle-aged.

Je maîtrisai donc mon âme, et finalement, bien que le délai fût long, j'aperçus quelques apparences de floraison. Ceci m'encouragea et j'attendis avec sérénité qu'elles se multipliassent.

Pendant ce temps, le véritable été arriva, commença à passer, et il me semble, en regardant en arrière, que ces jours furent presque les plus heureux de ma vie. De plus en plus je m'efforçais d'être au jardin quand il ne faisait pas trop chaud. J'avais fait arranger une tonnelle et j'y mis une table basse et un fauteuil, j'y apportai livres et portefeuilles — j'avais toujours quelque manuscrit en train —, et je travaillais, j'attendais, je rêvais et j'espérais, tandis que les heures d'or s'écoulaient, que les plantes buvaient la lumière et que l'indéchiffrable vieux palais pâlissait, puis, à mesure que le jour baissait, retrouvait sa teinte rose — et mes papiers bruissaient à la brise fantasque de l'Adriatique.

Étant donné le peu de satisfaction que je retirai tout d'abord de ma surveillance, il est étonnant que je ne me sois pas lassé d'essayer de deviner quels rites mystérieux de l'ennui les demoiselles Bordereau célébraient dans leurs chambres obscures ; si tel avait toujours été le rythme de leurs vies, et comment, les années précédentes, elles avaient réussi à ne jamais rencontrer leurs voisins.

Il fallait supposer qu'elles avaient jadis d'autres habitudes, d'autres allures et d'autres ressources ; qu'à un certain moment, elles avaient dû être jeunes, ou, au moins, d'âge

There was no end to the questions it was possible to ask about them and no end to the answers it was not possible to frame. I had known many of my country-people in Europe and was familiar with the strange ways they were liable to take up there; but the Misses Bordereau formed altogether a new type of the American absentee. Indeed it was plain that the American name had ceased to have any application to them—I had seen this in the ten minutes I spent in the old woman's room.

You could never have said whence they came, from the appearance of either of them; wherever it was they had long ago dropped the local accent and fashion. There was nothing in them that one recognized, and putting the question of speech aside they might have been Norwegians or Spaniards. Miss Bordereau, after all, had been in Europe nearly three-quarters of a century; it appeared by some verses addressed to her by Aspern on the occasion of his own second absence from America—verses of which Cumnor and I had after infinite conjecture established solidly enough the date—that she was even then, as a girl of twenty, on the foreign side of the sea. There was an implication in the poem (I hope not just for the phrase) that he had come back for her sake.

moyen. Les questions qu'on avait à se poser à leur sujet étaient sans fin, et sans fin aussi les réponses impossibles à formuler. Je connaissais en Europe bon nombre de mes compatriotes et étais fort habitué aux mœurs singulières qu'ils étaient susceptibles d'y prendre, mais les demoiselles Bordereau constituaient un type absolument nouveau de l'Américain émigré. On pouvait dire qu'il n'y avait plus lieu de leur appliquer le qualificatif d'américain ; ce m'était clairement apparu pendant les dix minutes que j'avais passées chez la vieille femme.

À les voir, vous n'eussiez jamais deviné leur origine quelle qu'elle fût, depuis longtemps toute espèce de signe et d'allure héréditaire avait été désapprise et abandonnée… Rien chez elles ne se rattachait ni ne rappelait une tradition familiale, et, la question de langue mise à part, elles auraient pu aussi bien être espagnoles ou norvégiennes. Miss Bordereau, après tout, avait vécu en Europe près de trois quarts de siècle ; il ressortait de quelques vers à elle adressés par Aspern à l'occasion de sa seconde absence d'Amérique — vers dont la date avait été assez solidement établie par Cumnor et moi, après des conjectures infinies — qu'elle était, dès ce moment, jeune fille d'une vingtaine d'années, de l'autre côté de l'Atlantique. Il y avait dans ce poème la déclaration — j'espère que ce n'était pas seulement une déclaration poétique — qu'il revenait en Europe pour l'amour d'elle.

We had no real light upon her circumstances at that moment, any more than we had upon her origin, which we believed to be of the sort usually spoken of as modest. Cumnor had a theory that she had been a governess in some family in which the poet visited and that, in consequence of her position, there was from the first something unavowed, or rather something positively clandestine, in their relations. I on the other hand had hatched a little romance according to which she was the daughter of an artist, a painter or a sculptor, who had left the western world when the century was fresh, to study in the ancient schools.

It was essential to my hypothesis that this amiable man should have lost his wife, should have been poor and unsuccessful and should have had a second daughter, of a disposition quite different from Juliana's. It was also indispensable that he should have been accompanied to Europe by these young ladies and should have established himself there for the remainder of a struggling, saddened life. There was a further implication that Miss Bordereau had had in her youth a perverse and adventurous, albeit a generous and fascinating character, and that she had passed through some singular vicissitudes. By what passions had she been ravaged, by what sufferings had she been blanched, what store of memories had she laid away for the monotonous future?

Nous n'avions aucun éclaircissement sur le genre de vie qu'elle menait alors, pas plus que sur son origine, que nous avions des raisons de ranger parmi celles généralement qualifiées de modestes. La théorie de Cumnor était qu'elle avait été institutrice dans une famille où fréquentait Aspern, et qu'à cause de sa position, il y eut dès le début quelque chose d'inavoué, ou, disons-le franchement, quelque chose de nettement clandestin dans leurs relations. D'un autre côté, j'avais couvé mon petit roman, selon lequel elle était fille d'un artiste, peintre ou sculpteur, qui avait quitté les Amériques, quand le siècle était jeune, pour aller étudier les écoles anciennes.

Dans mon hypothèse il était essentiel que cet aimable homme eût perdu sa femme, qu'il fût pauvre et méconnu, et qu'il eût une seconde fille d'un tempérament tout à fait différent de celui de Juliana. Il était également indispensable que ces jeunes personnes l'eussent accompagné en Europe, et qu'il s'y fût établi pour le restant de sa difficile et triste existence. Il fallait en outre attribuer à miss Bordereau, dans sa jeunesse, un caractère à la fois téméraire et pervers, bien que séduisant et généreux, et admettre qu'elle avait affronté des risques extraordinaires. De quelles passions avait-elle été ravagée, quelles aventures et quelles souffrances l'avaient blanchie, quel trésor de souvenirs avait-elle amoncelé pour alimenter le monotone avenir ?

I asked myself these things as I sat spinning theories about her in my arbor and the bees droned in the flowers. It was incontestable that, whether for right or for wrong, most readers of certain of Aspern's poems (poems not as ambiguous as the sonnets—scarcely more divine, I think—of Shakespeare) had taken for granted that Juliana had not always adhered to the steep footway of renunciation. There hovered about her name a perfume of reckless passion, an intimation that she had not been exactly as the respectable young person in general. Was this a sign that her singer had betrayed her, had given her away, as we say nowadays, to posterity?

Certain it is that it would have been difficult to put one's finger on the passage in which her fair fame suffered an imputation. Moreover was not any fame fair enough that was so sure of duration and was associated with works immortal through their beauty? It was a part of my idea that the young lady had had a foreign lover (and an unedifying tragical rupture) before her meeting with Jeffrey Aspern. She had lived with her father and sister in a queer old-fashioned, expatriated, artistic Bohemia, in the days when the aesthetic was only the academic and the painters who knew the best models for a *contadina* and *pifferaro* wore peaked hats and long hair.

Je me demandais ces choses, assis sous ma tonnelle, dévidant des théories à son sujet, tandis que les abeilles bourdonnaient parmi les fleurs. Il était incontestable que, à tort ou à raison, la plupart des lecteurs de certains poèmes d'Aspern — poèmes moins ambigus et à peine moins divins que les sonnets de Shakespeare — tenaient pour avéré que Juliana n'avait pas toujours adhéré à la voie du renoncement et du sacrifice. Il flottait autour de son nom une odeur de passion impénitente, une impression qu'elle n'avait pas été exactement ce qu'on appelle une jeune personne comme il faut. Était-ce signe que son chantre l'avait trahie, en avait fait de la copie, comme nous dirions aujourd'hui ?

Il aurait été difficile de mettre le doigt sur une page où l'honneur de sa réputation eût souffert quelque injure. Et d'ailleurs, n'était-ce pas assez d'honneur pour sa réputation que d'être assurée de durer, et associée à des œuvres de beauté immortelle ? J'avais dans l'idée que la jeune personne avait eu un amant étranger — et disons une rupture tragique et peu édifiante — avant sa rencontre avec Jeffrey Aspern. Elle vivait avec son père et sa sœur dans cette drôle de bohème vieux jeu, artiste et cosmopolite, en ces temps où les esthètes étaient encore académiques et où les peintres qui savaient dénicher les plus beaux modèles de *contadine* et de *pifferari* portaient des feutres pointus et des cheveux longs.

It was a society less furnished than the coteries of today (in its ignorance of the wonderful chances, the opportunities of the early bird, with which its path was strewn), with tatters of old stuff and fragments of old crockery; so that Miss Bordereau appeared not to have picked up or have inherited many objects of importance. There was no enviable bric-a-brac, with its provoking legend of cheapness, in the room in which I had seen her. Such a fact as that suggested bareness, but nonetheless it worked happily into the sentimental interest I had always taken in the early movements of my countrymen as visitors to Europe.

When Americans went abroad in 1820 there was something romantic, almost heroic in it, as compared with the perpetual ferryings of the present hour, when photography and other conveniences have annihilated surprise. Miss Bordereau sailed with her family on a tossing brig, in the days of long voyages and sharp differences; she had her emotions on the top of yellow diligences, passed the night at inns where she dreamed of travelers' tales, and was struck, on reaching the Eternal City, with the elegance of Roman pearls and scarfs.

There was something touching to me in all that, and my imagination frequently went back to the period.

C'était une société ignorante des chances merveilleuses, des occasions, des terres vierges à travers lesquelles sa route passait ; une société moins avertie que les coteries d'aujourd'hui quant aux lambeaux de vieilles étoffes et aux tessons de vieilles faïences ; car miss Bordereau ne semblait pas avoir ramassé ou hérité de beaucoup d'objets de valeur. Il n'y avait rien de ce bric-à-brac désirable, à légende provocante de prix de misère, dans la chambre où je l'avais vue ; c'était presque le vide absolu, mais cela cadrait bien avec l'intérêt sentimental que j'avais toujours pris aux premiers voyages de touristes que mes compatriotes firent en Europe.

Quand les Américains quittaient leur pays en 1820, il y avait là quelque chose de romantique, presque d'héroïque en comparaison avec les incessants passages « en bac » de l'heure présente, de cette heure où la photographie et autres commodités ont annihilé la surprise. Miss Bordereau avait navigué avec sa famille sur un brick roulant et tanguant, aux jours des longs voyages et des aventures hasardeuses ; elle avait ressenti des émotions sur les impériales des diligences jaunes, elle avait passé des nuits dans des auberges en rêvant de récits de voyages, et ce qui la frappait le plus, en entrant dans la Ville éternelle, c'était l'élégance des perles et des écharpes romaines, et les broches en mosaïque.

Pour moi, il y avait quelque chose de touchant dans tout cela, et mon imagination s'y reportait fréquemment.

If Miss Bordereau carried it there of course Jeffrey Aspern at other times had done so a great deal more. It was a much more important fact, if one were looking at his genius critically, that he had lived in the days before the general transfusion. It had happened to me to regret that he had known Europe at all; I should have liked to see what he would have written without that experience, by which he had incontestably been enriched. But as his fate had ordered otherwise I went with him—I tried to judge how the Old World would have struck him. It was not only there, however, that I watched him; the relations he had entertained with the new had even a livelier interest. His own country after all had had most of his life, and his muse, as they said at that time, was essentially American.

That was originally what I had loved him for: that at a period when our native land was nude and crude and provincial, when the famous "atmosphere" it is supposed to lack was not even missed, when literature was lonely there and art and form almost impossible, he had found means to live and write like one of the first; to be free and general and not at all afraid; to feel, understand, and express everything.

Si miss Bordereau avait le don de l'y entraîner, Jeffrey Aspern, bien entendu, le faisait à d'autres moments, avec une puissance incomparable. Pour l'examen critique de son génie, c'était un fait des plus importants qu'il eût vécu à une époque antérieure à l'universelle transfusion de sang. Il m'était arrivé de regretter qu'il eût connu l'Europe ; j'aurais aimé voir ce qu'il aurait écrit sans cette expérience, qui l'avait incontestablement enrichi. Mais puisque son destin en avait décidé autrement, je le suivais ; j'essayais de me rendre compte de la façon dont les mœurs anciennes l'avaient impressionné ; mon observation, cependant, ne s'arrêtait pas là ; les relations qu'il avait entretenues avec les sphères nouvelles avaient même un intérêt plus vif. Après tout, c'était dans son propre pays que s'était écoulée la majeure partie de sa vie, et « sa muse », comme on disait de son temps, était essentiellement américaine.

C'était, originairement, ce que j'avais prisé en lui : qu'à une période où notre terre natale était pauvre, primitive et provinciale ; quand le manque de la fameuse « atmosphère », qui est supposée lui faire défaut, n'était même pas ressenti ; quand la littérature y était négligée, l'art et la plastique presque impossibles, il avait trouvé moyen de vivre et d'écrire comme un des plus grands, d'être lui-même, d'être universel, de n'avoir peur de rien, de sentir, de comprendre et d'exprimer tout.

5

I was seldom at home in the evening, for when I attempted to occupy myself in my apartments the lamplight brought in a swarm of noxious insects, and it was too hot for closed windows. Accordingly I spent the late hours either on the water (the moonlight of Venice is famous), or in the splendid square which serves as a vast forecourt to the strange old basilica of Saint Mark. I sat in front of Florian's cafe, eating ices, listening to music, talking with acquaintances: the traveler will remember how the immense cluster of tables and little chairs stretches like a promontory into the smooth lake of the Piazza.

The whole place, of a summer's evening, under the stars and with all the lamps, all the voices and light footsteps on marble (the only sounds of the arcades that enclose it), is like an open-air saloon

∫

Je passais peu de soirées dans la maison, car aussitôt que j'essayais de me livrer à une occupation quelconque dans mes appartements, la lumière de la lampe y attirait une nuée d'insupportables insectes, et la chaleur était trop forte pour demeurer les fenêtres fermées. Je passais les heures de nuit ou sur l'eau — les clairs de lune de Venise sont célèbres — ou sur cette place splendide qui sert comme de cour d'honneur à l'étrange vieille basilique de Saint-Marc. Je m'asseyais au café Florian, savourant des glaces, écoutant la musique, causant avec quelque connaissance. Tout voyageur se rappelle l'immense amas de tables et de chaises qui avance comme un promontoire dans ce lac uni que représente la Piazza.

Les soirs d'été, à la lueur des étoiles et de toutes ses lampes, avec le bruit des voix et des pas légers sur le marbre (seuls sons répercutés par les vastes arcades qui l'entourent), cette place est un salon de plein air,

dedicated to cooling drinks and to a still finer degustation — that of the exquisite impressions received during the day. When I did not prefer to keep mine to myself there was always a stray tourist, disencumbered of his Baedeker, to discuss them with, or some domesticated painter rejoicing in the return of the season of strong effects.

The wonderful church, with its low domes and bristling embroideries, the mystery of its mosaic and sculpture, looking ghostly in the tempered gloom, and the sea breeze passed between the twin columns of the Piazzetta, the lintels of a door no longer guarded, as gently as if a rich curtain were swaying there. I used sometimes on these occasions to think of the Misses Bordereau and of the pity of their being shut up in apartments which in the Venetian July even Venetian vastness did not prevent from being stuffy. Their life seemed miles away from the life of the Piazza, and no doubt it was really too late to make the austere Juliana change her habits. But poor Miss Tita would have enjoyed one of Florian's ices, I was sure; sometimes I even had thoughts of carrying one home to her. Fortunately my patience bore fruit, and I was not obliged to do anything so ridiculous.

consacré aux boissons fraîches et à la dégustation, plus délicate encore, des impressions magnifiques reçues le jour durant. Quand je ne préférais pas garder les miennes pour moi seul, il se trouvait toujours là quelque touriste de hasard heureusement dépouillé de son Bœdeker pour en entreprendre la discussion, ou quelque peintre naturalisé vénitien, tout à la joie de voir revenir la saison aux effets puissants.

La grande basilique, avec ses dômes bas et ses broderies scintillantes, le mystère de sa mosaïque et de sa sculpture, semblait un fantôme dans la demi-obscurité, et la brise de mer nous venait à travers les colonnes jumelles de la Piazzetta — linteaux d'une porte qu'on ne gardait plus —, aussi doucement que si une riche portière s'y fût balancée. À de tels moments, le souvenir des demoiselles Bordereau me venait quelquefois à l'esprit, avec un sentiment de pitié pour leur réclusion dans des appartements dont l'immensité vénitienne ne parvenait tout de même pas à les préserver d'une sensation de renfermé en ce juillet non moins vénitien. Leur vie semblait à mille lieues de celle de la Piazza et, sans doute, il était vraiment trop tard pour que l'austère Juliana changeât ses habitudes ; mais bien sûr, la pauvre miss Tina aurait apprécié une glace de chez Florian : j'avais même eu l'idée de lui en apporter une. Heureusement, ma patience porta ses fruits, et je ne fus pas obligé de faire une chose si ridicule.

One evening about the middle of July I came in earlier than usual—I forget what chance had led to this—and instead of going up to my quarters made my way into the garden. The temperature was very high; it was such a night as one would gladly have spent in the open air, and I was in no hurry to go to bed. I had floated home in my gondola, listening to the slow splash of the oar in the narrow dark canals, and now the only thought that solicited me was the vague reflection that it would be pleasant to recline at one's length in the fragrant darkness on a garden bench.

The odor of the canal was doubtless at the bottom of that aspiration and the breath of the garden, as I entered it, gave consistency to my purpose. It was delicious— just such an air as must have trembled with Romeo's vows when he stood among the flowers and raised his arms to his mistress's balcony. I looked at the windows of the palace to see if by chance the example of Verona (Verona being not far off) had been followed; but everything was dim, as usual, and everything was still.

Juliana, on summer nights in her youth, might have murmured down from open windows at Jeffrey Aspern, but Miss Tita was not a poet's mistress any more than I was a poet.

Un soir, vers le milieu de juillet, je rentrai plus tôt que d'habitude, je ne me rappelle plus pour quelle raison, et, au lieu de regagner mon logis, je me dirigeai vers le jardin. La température était très élevée : c'était une de ces nuits que l'on passerait volontiers tout entière dehors, et je n'étais nullement pressé d'aller me coucher. J'avais doucement flotté jusqu'à la maison, porté par ma gondole, écoutant les éclaboussements espacés des rames dans les étroits canaux sombres, et, maintenant, la seule idée qui me possédait était qu'il serait bon de s'étendre tout de son long, dans l'obscurité embaumée, sur un banc du jardin.

Sans doute l'odeur du canal était à la base de cette aspiration, et le souffle du jardin, lorsque j'y pénétrai, me confirma dans mon propos. Il était enivrant ; tel sans doute que celui qui tremblait aux aveux de Roméo, debout parmi les buissons fleuris et tendant les bras vers le balcon de sa maîtresse. Je levai les yeux vers les fenêtres du palais pour voir si par hasard l'exemple de Vérone — Vérone n'est pas loin — aurait été suivi, mais tout était noir, comme d'habitude, et tout était muet.

Juliana, peut-être, aurait pu, aux nuits d'été de sa jeunesse, murmurer de sa fenêtre ouverte quelques paroles d'amour à Jeffrey Aspern, mais miss Tina n'était pas la maîtresse d'un poète, non plus que je n'étais poète.

This however did not prevent my gratification from being great as I became aware on reaching the end of the garden that Miss Tita was seated in my little bower. At first I only made out an indistinct figure, not in the least counting on such an overture from one of my hostesses; it even occurred to me that some sentimental maidservant had stolen in to keep a tryst with her sweetheart. I was going to turn away, not to frighten her, when the figure rose to its height and I recognized Miss Bordereau's niece.

I must do myself the justice to say that I did not wish to frighten her either, and much as I had longed for some such accident I should have been capable of retreating. It was as if I had laid a trap for her by coming home earlier than usual and adding to that eccentricity by creeping into the garden. As she rose she spoke to me, and then I reflected that perhaps, secure in my almost inveterate absence, it was her nightly practice to take a lonely airing. There was no trap, in truth, because I had had no suspicion. At first I took for granted that the words she uttered expressed discomfiture at my arrival; but as she repeated them—I had not caught them clearly—I had the surprise of hearing her say, "Oh, dear, I'm so very glad you've come!"

Je n'en fus pas moins satisfait lorsque j'aperçus, en arrivant au fond du jardin, ma plus jeune *padrona* assise sous l'un des berceaux. Au premier moment, je ne distinguai pas bien quelle était cette figure, ne m'attendant nullement à une avance de ce genre de la part d'aucune de mes hôtesses ; je dois même dire que la pensée qui se présenta la première fut que quelque servante amoureuse s'était glissée là pour roucouler avec son bien-aimé. J'allais m'en retourner, pour ne pas l'effrayer, quand cette figure se dressa, et je reconnus la nièce de miss Bordereau.

Je ne voulais pas l'effrayer, et, bien que j'eusse tant désiré quelque incident de ce genre, j'étais capable de battre en retraite. J'avais l'air de lui avoir tendu un piège en rentrant plus tôt que d'habitude et d'ajouter encore à cette anomalie l'invasion du jardin. Tout en se levant, elle m'adressa la parole, et je supposai alors que peut-être, se fiant à mon absence presque invétérée de chaque soir, elle avait adopté cette habitude de venir prendre l'air la nuit. Mais à parler vrai, il n'y avait pas de piège de ma part, car je n'en avais eu aucun soupçon. Tout d'abord, les mots qu'elle proférait me parurent exprimer que mon arrivée l'impatientait ; mais, tandis qu'elle les répétait — je ne l'avais pas bien entendue —, j'eus la surprise de lui entendre dire :

« Oh ! mon Dieu ! que je suis contente que vous soyez venu ! »

She and her aunt had in common the property of unexpected speeches. She came out of the arbor almost as if she were going to throw herself into my arms.

I hasten to add that she did nothing of the kind; she did not even shake hands with me. It was a gratification to her to see me and presently she told me why—because she was nervous when she was out-of-doors at night alone. The plants and bushes looked so strange in the dark, and there were all sorts of queer sounds—she could not tell what they were—like the noises of animals. She stood close to me, looking about her with an air of greater security but without any demonstration of interest in me as an individual. Then I guessed that nocturnal prowlings were not in the least her habit, and I was also reminded (I had been struck with the circumstance in talking with her before I took possession) that it was impossible to overestimate her simplicity.

"You speak as if you were lost in the backwoods," I said, laughing. "How you manage to keep out of this charming place when you have only three steps to take to get into it is more than I have yet been able to discover. You hide away mighty well so long as I am on the premises, I know; but I had a hope that you peeped out a little at other times. You and your poor aunt are worse off than Carmelite nuns in their cells.

Elle et sa tante possédaient en commun le don des phrases inattendues ; elle sortit du berceau comme pour se jeter dans mes bras.

Je me hâte d'ajouter que j'esquivai une telle épreuve et que, même à cette occasion, elle ne me tendit pas la main. Ma présence était pour elle un secours et elle me dit bientôt pourquoi : c'était parce que d'être seule dehors, la nuit, la rendait nerveuse. Les plantes et les massifs prenaient un aspect étrange et il y avait toutes sortes de bruits bizarres — elle n'aurait pu dire lesquels — comme des bruits d'animaux. Elle se tenait près de moi, jetant des regards autour d'elle avec une sécurité revenue, mais sans montrer qu'elle s'intéressât du tout à moi, personnellement. Alors je me rendis compte combien peu les promenades nocturnes devaient être dans ses habitudes, et je me souvins aussi — j'avais déjà eu le regret d'éprouver cette sensation en causant avec elle avant de devenir son hôte — qu'il était impossible de lui allouer trop de simplicité d'esprit.

« Vous parlez comme si vous étiez perdue dans une forêt, lui dis-je en riant d'un rire encourageant. Comment vous pouvez résister au plaisir de descendre dans ce lieu charmant, à trois pas de votre chambre, est une chose qui me passe. Vous vous cachez d'une manière surprenante, tant que je suis là, je le sais ; mais j'espérais que vous sortiez un peu aux autres moments. Vous êtes, vous et votre pauvre tante, soumises à un régime plus austère que celui des carmélites dans leurs cellules.

Should you mind telling me how you exist without air, without exercise, without any sort of human contact? I don't see how you carry on the common business of life."

She looked at me as if I were talking some strange tongue, and her answer was so little of an answer that I was considerably irritated.

"We go to bed very early—earlier than you would believe."

I was on the point of saying that this only deepened the mystery when she gave me some relief by adding, "Before you came we were not so private. But I never have been out at night."

"Never in these fragrant alleys, blooming here under your nose?"

"Ah," said Miss Tita, "they were never nice till now!"

There was an unmistakable reference in this and a flattering comparison, so that it seemed to me I had gained a small advantage. As it would help me to follow it up to establish a sort of grievance I asked her why, since she thought my garden nice, she had never thanked me in any way for the flowers I had been sending up in such quantities for the previous three weeks.

Auriez-vous la bonté de me dire comment vous faites pour vivre sans air, sans exercice, sans aucun contact avec les humains ? Je ne vois pas comment vous vous y prenez pour accomplir la tâche quotidienne de vivre. »

Elle me regarda comme si je parlais une langue étrangère, et sa réponse en fut si peu une que je compris qu'elle était faite pour me contrarier.

« Nous nous couchons de très bonne heure, plus tôt que vous ne sauriez croire. »

Je fus sur le point de dire que ceci ne faisait qu'épaissir le mystère, mais elle m'apporta quelque soulagement en ajoutant :

« Avant votre arrivée, nous n'étions pas si réservées. Mais je ne sors jamais le soir.

— Jamais dans ces allées embaumées, qui s'épanouissent là, sous votre nez ?

— Ah ! dit miss Tina, elles n'étaient guère agréables jusqu'ici ! »

Il y avait là plus de finesse, et une comparaison flatteuse, de sorte qu'il me sembla que j'avais remporté un avantage. Comme il m'était loisible de le poursuivre, en établissant un solide grief, je lui demandai pourquoi, puisqu'elle trouvait mon jardin agréable, elle ne m'avait jamais adressé aucun remerciement pour les fleurs que depuis trois semaines j'envoyais en de telles quantités.

I had not been discouraged—there had been, as she would have observed, a daily armful; but I had been brought up in the common forms and a word of recognition now and then would have touched me in the right place.

"Why I didn't know they were for me!"

"They were for both of you. Why should I make a difference?"

Miss Tita reflected as if she might by thinking of a reason for that, but she failed to produce one. Instead of this she asked abruptly, "Why in the world do you want to know us?"

"I ought after all to make a difference," I replied. "That question is your aunt's; it isn't yours. You wouldn't ask it if you hadn't been put up to it."

"She didn't tell me to ask you," Miss Tita replied without confusion; she was the oddest mixture of the shrinking and the direct.

"Well, she has often wondered about it herself and expressed her wonder to you. She has insisted on it, so that she has put the idea into your head that I am insufferably pushing. Upon my word I think I have been

Cela ne m'avait pas découragé : comme elle avait pu l'observer, chaque jour apportait sa brassée ; mais j'avais été élevé selon les usages, et un mot de remerciement m'aurait touché à l'endroit sensible.

« Mais je ne savais pas qu'elles fussent pour moi !

— Elles vous sont destinées à toutes deux. Pourquoi ferais-je une différence entre vous ? »

Miss Tina se plongea dans ses réflexions comme pour en tirer une raison à me donner, mais ne réussit pas à l'extraire. Au lieu de répondre, elle demanda brusquement :

« Pourquoi donc tenez-vous tant que cela à nous connaître ?

— Ici, je me permettrai de faire une différence, répliquai-je. Cette question est de votre tante ; elle ne vient pas de vous. Vous ne me la poseriez pas si elle ne vous avait pas été soufflée.

— Elle ne m'a pas dit de vous interroger », répliqua miss Tina, nullement confuse. Elle était vraiment le plus singulier mélange de timidité et d'aplomb.

« Enfin, elle s'est du moins montrée souvent étonnée à mon sujet, et vous a exprimé son étonnement. Elle a insisté là-dessus de sorte qu'elle vous a mis dans la tête que j'étais un individu odieusement familier. Je vous donne cependant ma parole que je me considère comme m'étant comporté

very discreet. And how completely your aunt must have lost every tradition of sociability, to see anything out of the way in the idea that respectable intelligent people, living as we do under the same roof, should occasionally exchange a remark! What could be more natural? We are of the same country, and we have at least some of the same tastes, since, like you, I am intensely fond of Venice."

My interlocutress appeared incapable of grasping more than one clause in any proposition, and she declared quickly, eagerly, as if she were answering my whole speech: "I am not in the least fond of Venice. I should like to go far away!"

"Has she always kept you back so?" I went on, to show her that I could be as irrelevant as herself.

"She told me to come out tonight; she has told me very often," said Miss Tita. "It is I who wouldn't come. I don't like to leave her."

"Is she too weak, is she failing?" I demanded, with more emotion, I think, than I intended to show.

I judged this by the way her eyes rested upon me in the darkness. It embarrassed me a little, and to turn the matter off I continued genially:

très discrètement. Faut-il que votre tante ait perdu tout usage du monde pour voir quelque chose d'anormal à ce que des gens honorables et intelligents, vivant sous le même toit, échangent de temps à autre quelques mots en passant ! Quoi de plus naturel ? Nous sommes compatriotes, et nous avons au moins quelques goûts communs, puisque, comme vous, j'aime tellement Venise. »

Mon amie semblait incapable de saisir plus d'une proposition à la fois dans un discours, et elle répliqua rapidement, passionnément, comme résumant tout ce qu'il y avait à répondre à mon allocution :

« Je n'aime pas Venise le moins du monde ! J'aimerais à en être bien loin.

— Vous a-t-elle toujours enfermée autant ? continuai-je, pour lui montrer que je pouvais aussi bien qu'elle causer à bâtons rompus.

— C'est elle qui m'a dit de sortir ce soir, elle me le dit souvent, répondit miss Tina, et moi, je ne voulais pas venir, je n'aime pas la quitter.

— Est-elle aussi faible, décline-t-elle vraiment ? » demandai-je, avec plus d'émotion, je crois, que je n'aurai voulu en laisser paraître.

Je m'en aperçus à la façon dont son regard se posa sur moi dans l'obscurité. Un peu embarrassé, je voulus détourner la conversation et je continuai, prenant un ton de bon garçon :

"Do let us sit down together comfortably somewhere, and you will tell me all about her."

Miss Tita made no resistance to this. We found a bench less secluded, less confidential, as it were, than the one in the arbor; and we were still sitting there when I heard midnight ring out from those clear bells of Venice which vibrate with a solemnity of their own over the lagoon and hold the air so much more than the chimes of other places. We were together more than an hour, and our interview gave, as it struck me, a great lift to my undertaking.

Miss Tita accepted the situation without a protest; she had avoided me for three months, yet now she treated me almost as if these three months had made me an old friend. If I had chosen I might have inferred from this that though she had avoided me she had given a good deal of consideration to doing so. She paid no attention to the flight of time—never worried at my keeping her so long away from her aunt. She talked freely, answering questions and asking them and not even taking advantage of certain longish pauses with which they inevitably alternated to say she thought she had better go in. It was almost as if she were waiting for something—something I might say to her—and intended to give me my opportunity.

« Allons donc nous asseoir confortablement quelque part, et vous me raconterez toute son histoire. »

Miss Tina ne fit aucune résistance. Nous trouvâmes un banc moins caché, d'aspect moins confidentiel, si je puis dire, que celui de la tonnelle, et nous y étions encore assis quand minuit sonna à ces cloches de Venise dont les notes claires vibrent, par-delà la lagune, avec une solennité qui n'appartient qu'à elles, et demeurent dans l'air tellement plus longtemps que les sonneries des autres lieux. Nous passâmes ensemble plus d'une heure, et cette entrevue, je m'en rendis compte, avança beaucoup mon entreprise.

Miss Tina avait accepté la situation sans protester. Elle m'avait évité pendant trois mois ; cependant, elle me traitait maintenant presque comme si ces trois mois eussent fait de moi un vieil ami. J'étais libre d'en conclure que, si elle m'avait évité, elle ne s'y était résolue du moins qu'après de longues réflexions. Ce soir-là elle ne fit aucune attention au temps qui s'écoulait, elle ne se tracassait nullement d'être tenue si longtemps éloignée de sa tante. Elle causait librement, répondant à mes questions et m'en posant d'autres, et ne profitait même pas des pauses inévitables — et plutôt prolongées — de la conversation pour me dire qu'il vaudrait peut-être mieux qu'elle rentrât. Elle avait l'air d'attendre quelque chose — quelque chose que j'aurais pu lui dire — et vouloir m'en fournir l'occasion.

I was the more struck by this as she told me that her aunt had been less well for a good many days and in a way that was rather new. She was weaker; at moments it seemed as if she had no strength at all; yet more than ever before she wished to be left alone. That was why she had told her to come out — not even to remain in her own room, which was alongside; she said her niece irritated her, made her nervous. She sat still for hours together, as if she were asleep; she had always done that, musing and dozing; but at such times formerly she gave at intervals some small sign of life, of interest, liking her companion to be near her with her work.

Miss Tita confided to me that at present her aunt was so motionless that she sometimes feared she was dead; moreover she took hardly any food — one couldn't see what she lived on. The great thing was that she still on most days got up; the serious job was to dress her, to wheel her out of her bedroom. She clung to as many of her old habits as possible and she had always, little company as they had received for years, made a point of sitting in the parlor.

Ceci me frappa d'autant plus qu'elle me raconta combien l'état de sa tante empirait depuis pas mal de temps déjà et d'une manière nouvelle. Sa faiblesse augmentait, à n'en pas douter ; à certains moments, elle était absolument sans forces ; cependant, plus que jamais, elle désirait rester seule. Voilà pourquoi elle lui avait dit de sortir, ne lui permettant même pas de se tenir dans sa propre chambre parce que la sienne y était contiguë. Elle déclarait que la pauvre miss Tina était pour elle « un tourment, un ennui, une aggravation de ses maux ». Elle demeurait immobile des heures entières, comme endormie ; elle avait l'habitude de vivre ainsi, rêvant et somnolant ; mais autrefois elle donnait, par éclairs, quelque signe de vie, d'intérêt aux choses ; elle aimait avoir sa compagne auprès d'elle, avec son ouvrage.

Cette triste créature me confia que l'immobilité de sa tante était telle à présent que par instants elle donnait l'illusion de la mort. D'ailleurs, elle mangeait et buvait à peine ; on se demandait de quoi elle vivait. Du moins — et c'était l'essentiel — elle se levait encore presque tous les jours ; la grosse affaire était de l'habiller, de la rouler hors de sa chambre. Elle se cramponnait autant que possible à ses vieilles habitudes, et avait toujours tenu à vivre dans le grand salon, bien que depuis plusieurs années le nombre de ses relations fût bien diminué.

I scarcely knew what to think of all this—of Miss Tita's sudden conversion to sociability and of the strange circumstance that the more the old lady appeared to decline toward her end the less she should desire to be looked after. The story did not hang together, and I even asked myself whether it were not a trap laid for me, the result of a design to make me show my hand. I could not have told why my companions (as they could only by courtesy be called) should have this purpose—why they should try to trip up so lucrative a lodger. At any rate I kept on my guard, so that Miss Tita should not have occasion again to ask me if I had an arriere-pensee. Poor woman, before we parted for the night my mind was at rest as to HER capacity for entertaining one.

She told me more about their affairs than I had hoped; there was no need to be prying, for it evidently drew her out simply to feel that I listened, that I cared. She ceased wondering why I cared, and at last, as she spoke of the brilliant life they had led years before, she almost chattered. It was Miss Tita who judged it brilliant; she said that when they first came to live in Venice, years and years before (I saw that her mind was essentially vague about dates and the order in which events had occurred),

Je me demandais ce qu'il fallait penser de tout cela ; de cette soudaine conversion de miss Tina à la sociabilité, et de cet étrange désir de la vieille femme d'être laissée de plus en plus seule, à mesure qu'elle déclinait. Les faits ne concordaient guère, et je me demandai même s'ils ne constituaient pas un piège, s'ils m'étaient contés afin de me faire découvrir mon jeu. Mais je n'aurais su dire pourquoi mes compagnes — que je ne pouvais appeler ainsi que par civilité — auraient nourri un tel projet, pourquoi elles auraient souhaité démasquer un pensionnaire si lucratif. À tout hasard, je restai sur mes gardes, afin que miss Tina n'eût pas l'occasion de me demander de nouveau ce que je pouvais bien « manigancer ». Pauvre femme ! Bien avant que nous nous séparions ce soir-là, mon esprit était au repos quant à ses propres manigances. Elle ne complotait rien du tout.

Elle m'en raconta plus long sur leurs affaires que je n'avais osé espérer ; il n'y avait pas à la pousser, car, rien que de sentir auprès d'elle de l'attention et de l'intérêt, ses épanchements coulaient de source. Elle cessa de s'étonner de ma manière amicale, et, à la fin, pendant qu'elle me décrivait la vie brillante qu'elles avaient menée autrefois, cela devint presque du bavardage. C'était miss Tina qui qualifiait cette vie de brillante. Elle me dit que lors de leur arrivée à Venise, il y avait de cela fort longtemps (je la trouvai remarquablement vague quant aux dates et à l'ordre dans lequel les événements s'étaient passés),

there was scarcely a week that they had not some visitor or did not make some delightful passeggio in the city. They had seen all the curiosities; they had even been to the Lido in a boat (she spoke as if I might think there was a way on foot); they had had a collation there, brought in three baskets and spread out on the grass.

I asked her what people they had known and she said, Oh! very nice ones—the *Cavaliere* Bombicci and the Contessa Altemura, with whom they had had a great friendship. Also English people—the Churtons and the Goldies and Mrs. Stock-Stock, whom they had loved dearly; she was dead and gone, poor dear. That was the case with most of their pleasant circle (this expression was Miss Tita's own), though a few were left, which was a wonder considering how they had neglected them. She mentioned the names of two or three Venetian old women; of a certain doctor, very clever, who was so kind—he came as a friend, he had really given up practice; of the *avvocato* Pochintesta, who wrote beautiful poems and had addressed one to her aunt.

These people came to see them without fail every year, usually at the *capo d'anno*, and of old her aunt used to make them some little present—her aunt and she together: small things that she, Miss Tita, made herself, like paper lampshades or mats for the decanters

il ne se passait pas de semaine qu'elles ne reçussent de visite ou ne fissent quelque agréable *passeggio* en ville. Elles avaient vu toutes les curiosités ; elles avaient même été au Lido en bateau ; elle m'en parlait comme si je croyais qu'il fût possible d'y aller à pied ; elles y avaient fait une collation, apportée dans trois paniers qu'on avait ouverts sur l'herbe.

Je lui demandai quelles personnes elles fréquentaient, elle dit : « Oh ! des gens très bien. » Le *cavaliere* Bombicci, et la comtesse Altemura, qui était leur grande amie ; des Anglais aussi : les Churton et les Goldie ; et Mrs. Stock-Stock, qu'elles aimaient tant ! — elle était morte et disparue, la pauvre amie ! Il en était ainsi de la plupart des membres de leur aimable cercle (cette expression fut celle de miss Tina), bien que quelques-uns leur demeurassent encore fidèles, ce qui était extraordinaire, étant donné qu'elles les négligeaient tant. Elle cita les noms de deux ou trois vieilles dames vénitiennes ; d'un certain docteur, plein de talent, et si dévoué — il venait chez elles en ami, il n'exerçait plus ; de l'*avvocato* Pochintesta, qui écrivait de beaux vers et en avait adressé à sa tante.

Tous ces gens-là venaient les voir, sans faute, chaque année, généralement au *capo d'anno*, et, autrefois, sa tante leur offrait de petits présents, sa tante et elle, de compagnie : de petites choses qu'elle, miss Tina, faisait de ses mains, abat-jour en papier, dessous de carafes,

of wine at dinner or those woolen things that in cold weather were worn on the wrists. The last few years there had not been many presents; she could not think what to make, and her aunt had lost her interest and never suggested. But the people came all the same; if the Venetians liked you once they liked you forever.

There was something affecting in the good faith of this sketch of former social glories; the picnic at the Lido had remained vivid through the ages, and poor Miss Tita evidently was of the impression that she had had a brilliant youth. She had in fact had a glimpse of the Venetian world in its gossiping, home-keeping, parsimonious, professional walks; for I observed for the first time that she had acquired by contact something of the trick of the familiar, soft-sounding, almost infantile speech of the place. I judged that she had imbibed this invertebrate dialect from the natural way the names of things and people—mostly purely local—rose to her lips.

If she knew little of what they represented she knew still less of anything else. Her aunt had drawn in—her failing interest in the table mats and lampshades was a sign of that—and she had not been able to mingle in society or to entertain it alone;

ou ces choses en laine que l'on se met autour des poignets quand il fait très froid. Ces dernières années, on n'offrait plus guère de cadeaux ; elle ne trouvait rien de nouveau à faire, sa tante n'y portait plus d'intérêt et ne suggérait rien. Mais les gens venaient tout de même ; quand les bons Vénitiens vous ont une fois donné leur amitié, c'est pour toujours.

Il y avait quelque chose de touchant dans la sincérité de ces esquisses de gloires mondaines maintenant éteintes : le pique-nique au Lido lui avait laissé un souvenir éclatant à travers les âges, et la pauvre miss Tina était évidemment persuadée qu'elle avait eu une jeunesse tapageuse. De fait, elle avait eu un aperçu du monde vénitien, tel qu'il se révèle dans ses allées et venues, ses bavardages, ses modestes réceptions locales ; car je remarquai pour la première fois combien elle s'était approprié, par un contact prolongé, le parler familier, aux sons doux et presque enfantins, le parler si caractéristique de Venise. Elle me parut comme imprégnée de ce dialecte invertébré, à la manière aisée et naturelle dont les noms des choses et des gens, purement locaux pour la plupart, lui venaient aux lèvres.

Si ces noms lui représentaient peu de chose, le reste du monde lui représentait moins encore. Sa tante s'était peu à peu retirée en elle-même — le déclin de son intérêt pour les abat-jour et les dessous de carafes l'indiquait assez — et il lui avait été impossible de se mêler au monde ou de recevoir seule ;

so that the matter of her reminiscences struck one as an old world altogether. If she had not been so decent her references would have seemed to carry one back to the queer rococo Venice of Casanova.

I found myself falling into the error of thinking of her too as one of Jeffrey Aspern's contemporaries; this came from her having so little in common with my own. It was possible, I said to myself, that she had not even heard of him; it might very well be that Juliana had not cared to lift even for her the veil that covered the temple of her youth. In this case she perhaps would not know of the existence of the papers, and I welcomed that presumption—it made me feel more safe with her— until I remembered that we had believed the letter of disavowal received by Cumnor to be in the handwriting of the niece. If it had been dictated to her she had of course to know what it was about; yet after all the effect of it was to repudiate the idea of any connection with the poet. I held it probable at all events that Miss Tita had not read a word of his poetry. Moreover if, with her companion, she had always escaped the interviewer there was little occasion for her having got it into her head that people were "after" the letters. People had not been after them, inasmuch as they had not heard of them; and Cumnor's fruitless feeler would have been a solitary accident.

de sorte que ses souvenirs ne reflétaient qu'un monde presque aboli. Si son ton n'avait été la décence même, il vous aurait reporté à l'étrange Venise rococo de Goldoni et de Casanova.

Je me surprenais aussi pensant à elle comme à l'une des contemporaines de Jeffrey Aspern ; cela venait sans doute de ce qu'elle avait si peu de traits communs avec les nôtres ; pourtant je fis la réflexion qu'il était possible qu'elle n'eût jamais même entendu parler de lui ; il se pouvait fort bien que Juliana n'eût pas soulevé à ses yeux innocents le voile qui recouvrait le temple de sa gloire. En ce cas, elle ne serait pas au courant de l'existence des papiers, et je me félicitai de cette Hypothèse (qui rendait mes relations avec elle plus aisées) jusqu'au moment où je me souvins que nous avions bien cru que la lettre de désaveu reçue par Cumnor avait été écrite par la nièce. Si elle lui avait été dictée, il avait bien fallu qu'elle sût de quoi il s'agissait, bien que cette lettre fût écrite dans l'intention de répudier tout rapport avec le poète. En tout cas, je considérais comme probable que miss Tina n'avait jamais lu une ligne de ses vers ; de plus, si, comme sa compagne, elle s'était constamment garée des enquêtes et des invasions, il y avait peu de chances que l'idée que des gens étaient « après » les papiers se fût logée dans sa tête. On ne pouvait être « après » puisqu'on n'en avait pas entendu parler. Le sondage manqué de Cumnor avait été un accident unique.

When midnight sounded Miss Tita got up; but she stopped at the door of the house only after she had wandered two or three times with me round the garden.

"When shall I see you again?" I asked before she went in; to which she replied with promptness that she should like to come out the next night. She added however that she should not come — she was so far from doing everything she liked.

"You might do a few things that I like," I said with a sigh.

"Oh, you — I don't believe you!" she murmured at this, looking at me with her simple solemnity.

"Why don't you believe me?"

"Because I don't understand you."

"That is just the sort of occasion to have faith."

I could not say more, though I should have liked to, as I saw that I only mystified her; for I had no wish to have it on my conscience that I might pass for having made love to her. Nothing less should I have seemed to do had I continued to beg a lady to "believe in me" in an Italian garden on a midsummer night. There was some merit in my scruples, for Miss Tita lingered and lingered: I perceived that she felt that she should not really soon come down again and wished therefore to protract the present. She insisted too on

Quand minuit sonna, miss Tina se leva, mais elle ne s'arrêta à la porte de la maison qu'après avoir fait avec moi deux ou trois tours de jardin.

« Quand vous reverrai-je ? » lui demandai-je avant qu'elle rentrât. Ce à quoi elle répliqua promptement qu'elle aimerait bien revenir la nuit suivante. Elle ajouta, néanmoins, qu'elle ne viendrait point : elle était si loin de faire tout ce qui lui plaisait !

« Vous pourriez faire quelquefois ce qui me plaît, soupirai-je, très sincèrement.

— Oh ! vous ! je ne vous crois pas, murmura-t-elle me regardant avec sa gravité simple.

— Et pourquoi ne me croyez-vous pas ?

— Parce que je ne vous comprends pas.

— C'est dans ces cas-là qu'il faut montrer sa foi. »

Je n'allai pas plus loin, bien que je l'eusse désiré, car je m'aperçus que je ne faisais que la mystifier ; et je ne désirais nullement charger ma conscience du plus léger soupçon de lui avoir fait la cour. Or, ce n'était rien de moins que cela qui me menaçait, si je continuais à supplier une dame, une nuit d'été, dans un jardin d'Italie, de bien vouloir « croire en moi ». Il y avait du mérite à ce délicat scrupule : car miss Tina s'attardait, s'attardait ; je devinais en elle la conviction qu'elle ne redescendrait pas de sitôt et le désir de faire durer le moment présent. Elle marquait aussi de l'insistance à

making the talk between us personal to ourselves; and altogether her behavior was such as would have been possible only to a completely innocent woman.

"I shall like the flowers better now that I know they are also meant for me."

"How could you have doubted it? If you will tell me the kind you like best I will send a double lot of them."

"Oh, I like them all best!" Then she went on, familiarly: "Shall you study—shall you read and write—when you go up to your rooms?"

"I don't do that at night, at this season. The lamplight brings in the animals."

"You might have known that when you came."

"I did know it!"

"And in winter do you work at night?"

"I read a good deal, but I don't often write." She listened as if these details had a rare interest, and suddenly a temptation quite at variance with the prudence I had been teaching myself associated itself with her plain, mild face. Ah yes, she was safe and I could make her safer! It seemed to me from one moment to another that I could not wait longer—that I really must take a sounding.

maintenir notre conversation sur le terrain personnel : en somme, toute sa conduite ne pouvait être que celle d'une femme absolument dénuée d'artifice et presque aussi dénuée d'esprit.

« J'aimerai davantage les fleurs, maintenant que je sais qu'elles me sont aussi destinées.

— Comment avez-vous pu en douter ? Si vous me dites quelles sont celles que vous préférez, j'en enverrai le double.

— Oh ! je les préfère toutes ! » Puis elle continua, familièrement : « Vous mettrez-vous au travail — à lire, à écrire —, quand vous serez remonté dans votre chambre ?

— Je ne le fais pas la nuit en cette saison ; la lumière attire les insectes.

— Vous auriez pu savoir cela en vous installant.

— Je le savais !

— Et l'hiver, travaillez-vous la nuit ?

— Je lis pas mal, mais je n'écris pas souvent. »

Elle écoutait, comme si ces détails étaient d'un intérêt rare, et subitement, une tentation irrésistible, absolument contraire à la prudence dont je m'étais cuirassé, surgit de son visage monotone et sans charme. Ah ! oui, elle était sûre, et je pouvais la rendre plus sûre encore. D'un moment à l'autre mon impatience grandissait, je ne pouvais plus attendre, il me fallait absolument jeter un coup de sonde.

So I went on:

"In general before I go to sleep—very often in bed (it's a bad habit, but I confess to it), I read some great poet. In nine cases out of ten it's a volume of Jeffrey Aspern."

I watched her well as I pronounced that name but I saw nothing wonderful. Why should I indeed—was not Jeffrey Aspern the property of the human race?

"Oh, we read him—we HAVE read him," she quietly replied.

"He is my poet of poets—I know him almost by heart."

For an instant Miss Tita hesitated; then her sociability was too much for her.

"Oh, by heart—that's nothing!" she murmured, smiling. "My aunt used to know him—to know him"—she paused an instant and I wondered what she was going to say—"to know him as a visitor."

"As a visitor?" I repeated, staring.

"He used to call on her and take her out."

I continued to stare. "My dear lady, he died a hundred years ago!"

"Well," she said mirthfully, "my aunt is a hundred and fifty."

Je continuai donc :

« En général, avant de m'endormir (c'est une mauvaise habitude, je le confesse), je lis les grands poètes. Neuf fois sur dix, je prends un volume de Jeffrey Aspern. »

Je l'observai bien, tandis que je proférais ce nom, mais je ne vis rien d'extraordinaire. Et pourquoi aurais-je rien vu ? Jeffrey Aspern n'était-il pas la propriété du genre humain ?

« Oh ! nous le lisons aussi. Nous l'*avons* lu, répondit-elle avec calme.

— Il est pour moi le poète des poètes. Je le sais presque par cœur. »

Miss Tina hésita un moment, puis sa sociabilité fut la plus forte.

« Oh ! par cœur ! ce n'est rien. » Et elle s'irradia, littéralement, bien que d'une lumière diffuse. « Ma tante le connaissait, elle le connaissait… » Ici, elle s'arrêta, et je me demandais ce qui allait venir « … elle le connaissait en tant que visiteur.

— En tant que visiteur ? » Je maîtrisais sévèrement ma voix.

« Il venait la voir et l'emmenait promener. » Je continuai à jouer l'étonnement.

« Chère madame, il est mort depuis un siècle.

"Mercy on us!" I exclaimed; "why didn't you tell me before? I should like so to ask her about him."

"She wouldn't care for that—she wouldn't tell you," Miss Tita replied.

"I don't care what she cares for! She MUST tell me—it's not a chance to be lost."

"Oh, you should have come twenty years ago: then she still talked about him."

"And what did she say?" I asked eagerly.

"I don't know—that he liked her immensely."

"And she—didn't she like him?"

"She said he was a god."

Miss Tita gave me this information flatly, without expression; her tone might have made it a piece of trivial gossip. But it stirred me deeply as she dropped the words into the summer night; it seemed such a direct testimony.

"Fancy, fancy!" I murmured. And then, "Tell me this, please—has she got a portrait of him? They are distressingly rare."

— Eh bien ! dit-elle drôlement, ma tante a un siècle et demi !

— Le bon Dieu nous bénisse ! m'écriai-je. Que ne m'avez-vous dit cela plus tôt ? J'aimerais tant lui en parler.

— Elle n'y tient pas ; elle ne vous dirait rien, répliqua miss Tina.

— Cela m'est bien égal qu'elle n'y tienne pas ! Il faut qu'elle m'en parle ; c'est une occasion à ne pas perdre.

— Oh ! vous auriez dû venir il y a vingt ans ! Alors, elle parlait encore de lui.

— Et que disait-elle ? demandais-je ardemment.

— Je ne sais plus, qu'elle lui plaisait, qu'il l'aimait beaucoup.

— Et lui ? ne lui plaisait-il pas ?

— Elle disait qu'il était un dieu. »

Miss Tina me donna cette information platement, sans aucune expression ; à son ton, ç'aurait pu être quelque bavardage trivial. Mais je me sentis profondément remué, tandis qu'elle laissait tomber ces mots dans la nuit d'été : « C'était comme le bruit léger des feuillets dépliés d'une vieille lettre d'amour.

— Eh bien ! eh bien ! » murmurai-je. Puis :

« Dites-moi, je vous prie, a-t-elle un portrait de lui ? Ils sont d'une rareté désolante.

"A portrait? I don't know," said Miss Tita; and now there was discomfiture in her face. "Well, good night!" she added; and she turned into the house.

I accompanied her into the wide, dusky, stone-paved passage which on the ground floor corresponded with our grand sala. It opened at one end into the garden, at the other upon the canal, and was lighted now only by the small lamp that was always left for me to take up as I went to bed. An extinguished candle which Miss Tita apparently had brought down with her stood on the same table with it. "Good night, good night!" I replied, keeping beside her as she went to get her light.

"Surely you would know, shouldn't you, if she had one?"

"If she had what?" the poor lady asked, looking at me queerly over the flame of her candle.

"A portrait of the god. I don't know what I wouldn't give to see it."

"I don't know what she has got. She keeps her things locked up." And Miss Tita went away, toward the staircase, with the sense evidently that she had said too much.

I let her go—I wished not to frighten her—and I contented myself with remarking that Miss Bordereau would not have locked up such a glorious possession

— Un portrait ? Je ne sais pas », dit miss Tina ; et maintenant, je lisais l'inquiétude sur ses traits. « Allons, bonne nuit ! » ajouta-t-elle ; et elle rentra dans la maison.

Je l'accompagnai dans la vaste et sombre entrée pavée de pierre qui, au rez-de-chaussée, correspondait à notre grande sala du premier. À l'une de ses extrémités elle ouvrait sur le jardin, à l'autre sur le canal, et n'était actuellement éclairée que par la petite lampe que je prenais pour aller me coucher. Une bougie éteinte, que miss Tina avait évidemment apportée là, était posée à côté, sur la même table. « Bonne nuit, bonne nuit ! » répliquai-je. Je la suivis, tandis qu'elle se dirigeait, vers la table, pour prendre sa lumière.

« Vous le sauriez, sûrement, si elle en avait un ?

— Si elle avait quoi ? » demanda la pauvre dame.

Elle avait une drôle de façon de me regarder, éclairée d'en dessous par sa bougie.

« Un portrait du dieu. Je ne sais ce que je donnerais pour le voir.

— Je ne sais pas ce qu'elle a. Elle garde ses affaires sous clef. » Et miss Tina se dirigea vers l'escalier, évidemment avec l'impression d'en avoir trop dit.

Je la laissai aller ; je ne voulais pas l'effrayer, et je me contentai de remarquer que miss Bordereau n'aurait pas mis sous clef une si flatteuse possession

as that—a thing a person would be proud of and hang up in a prominent place on the parlor wall. Therefore of course she had not any portrait. Miss Tita made no direct answer to this and, candle in hand, with her back to me, ascended two or three stairs. Then she stopped short and turned round, looking at me across the dusky space.

"Do you write—do you write?" There was a shake in her voice—she could scarcely bring out what she wanted to ask.

"Do I write? Oh, don't speak of my writing on the same day with Aspern's!"

"Do you write about HIM—do you pry into his life?"

"Ah, that's your aunt's question; it can't be yours!" I said, in a tone of slightly wounded sensibility.

"All the more reason then that you should answer it. Do you, please?"

I thought I had allowed for the falsehoods I should have to tell; but I found that in fact when it came to the point I had not. Besides, now that I had an opening there was a kind of relief in being frank. Lastly (it was perhaps fanciful, even fatuous), I guessed that Miss Tita personally would not in the last resort be less my friend. So after a moment's hesitation I answered,

que celle-là ; une chose dont tout le monde serait fier et que l'on mettrait bien en vue sur le panneau du salon. Il fallait donc, certainement, qu'elle n'eût pas de portrait. Miss Tina ne fit aucune réponse directe à ceci et, sa bougie à la main, elle me précéda dans l'escalier dont elle gravit deux ou trois degrés. Puis elle s'arrêta brusquement et se tourna vers moi, me regardant à travers la distance enténébrée qui nous séparait.

« Écrivez-vous ? écrivez-vous ? » Sa voix tremblait tellement qu'elle pouvait à peine articuler.

« Si j'écris ? Eh ! ne comparez pas un instant mes écrits avec ceux d'Aspern !

— Écrivez-vous *sur lui* ? Travaillez-vous sur sa vie ?

— Ah ! voilà une question de votre tante ; elle ne vient pas de vous ! dis-je avec l'intonation d'une sensibilité légèrement blessée.

— Raison de plus pour que vous y répondiez. Le faites-vous, je vous prie ? »

Je me croyais décidé au mensonge, mais je découvris que, mis au pied du mur, je ne l'étais point. D'ailleurs, maintenant que je tenais une entrée en matière, il y avait comme un soulagement à être franc. Et enfin — c'était pure imagination, peut-être même de la fatuité — je me sentais sûr que miss Tina, en dernier ressort, n'en serait pas moins mon amie. De sorte que je répondis, après un moment d'hésitation :

"Yes, I have written about him and I am looking for more material. In heaven's name have you got any?"

"*Santo Dio!*" she exclaimed, without heeding my question; and she hurried upstairs and out of sight. I might count upon her in the last resort, but for the present she was visibly alarmed. The proof of it was that she began to hide again, so that for a fortnight I never beheld her. I found my patience ebbing and after four or five days of this I told the gardener to stop the flowers.

« Oui, j'ai écrit sur lui, et je suis à la recherche de nouveaux documents. Au nom du ciel, en avez-vous ?

— *Santo Dio !* » s'écria-t-elle, sans écouter la question. Elle se mit à grimper rapidement l'escalier et fut bientôt hors de vue. En dernier ressort, je pouvais peut-être compter sur elle, mais pour le présent, visiblement, elle était effrayée. La preuve en fut qu'elle se cacha de nouveau, et pendant une quinzaine de jours, elle m'échappa complètement. Ma patience s'épuisa, et quatre ou cinq jours plus tard je dis au jardinier de cesser l'envoi de mes « hommages fleuris.

6

One afternoon, as I came down from my quarters to go out, I found Miss Tita in the sala: it was our first encounter on that ground since I had come to the house. She put on no air of being there by accident; there was an ignorance of such arts in her angular, diffident directness. That I might be quite sure she was waiting for me she informed me of the fact and told me that Miss Bordereau wished to see me: she would take me into the room at that moment if I had time. If I had been late for a love tryst I would have stayed for this, and I quickly signified that I should be delighted to wait upon the old lady.

"She wants to talk with you—to know you," Miss Tita said, smiling as if she herself appreciated that idea; and she led me to the door of her aunt's apartment.

6

Un après-midi enfin, comme je descendais de mes appartements pour sortir, je la trouvai dans la sala. Depuis mon entrée dans la maison, c'était notre première rencontre sur ce terrain. Elle n'affecta pas d'être là par hasard ; son honnête et fruste gaucherie ignorait les artifices. Afin que je fusse bien sûr qu'elle m'attendait, elle me l'annonça immédiatement, mais en ajoutant que miss Bordereau désirait me voir ; elle me mènerait auprès d'elle tout de suite si j'en avais le temps. Eussé-je été en retard pour un rendez-vous d'amour, je serais demeuré pour cette visite, et j'exprimai sur-le-champ tout le plaisir que je prendrais à me mettre aux pieds de ma bienfaitrice.

« Elle désire causer avec vous, vous connaître », dit miss Tina, souriant comme si elle approuvait cette idée, et elle me conduisit à la porte de l'appartement de sa tante.

I stopped her a moment before she had opened it, looking at her with some curiosity. I told her that this was a great satisfaction to me and a great honor; but all the same I should like to ask what had made Miss Bordereau change so suddenly. It was only the other day that she wouldn't suffer me near her. Miss Tita was not embarrassed by my question; she had as many little unexpected serenities as if she told fibs, but the odd part of them was that they had on the contrary their source in her truthfulness.

"Oh, my aunt changes," she answered; "it's so terribly dull—I suppose she's tired."

"But you told me that she wanted more and more to be alone."

Poor Miss Tita colored, as if she found me over-insistent.

"Well, if you don't believe she wants to see you—I haven't invented it! I think people often are capricious when they are very old."

"That's perfectly true. I only wanted to be clear as to whether you have repeated to her what I told you the other night."

"What you told me?"

"About Jeffrey Aspern—that I am looking for materials."

Je l'arrêtai un moment avant qu'elle l'ouvrît, la regardant avec curiosité. Je lui dis que c'était pour moi une grande satisfaction et un grand honneur ; mais tout de même j'aimerais bien savoir ce qui avait pu changer miss Bordereau à un tel point. C'était seulement l'autre jour qu'elle ne voulait pas me souffrir près d'elle. Miss Tina ne fut pas embarrassée par ma question : elle apportait la même aisance dans des explications sereines et inattendues, assez plausibles d'ailleurs, que dans de petites faussetés ; mais ce qui était vraiment étrange, c'est que tout cela prenait sa source dans la sincérité.

« Oh ! ma tante varie, répondit-elle. Sa vie est tellement ennuyeuse ! Je pense qu'elle en est fatiguée.

— Mais vous disiez qu'elle demandait de plus en plus à être laissée seule. »

La pauvre miss Tina rougit comme si j'eusse été indiscret.

« Eh bien, si vous ne voulez pas croire qu'elle désire vous voir, je ne l'ai pourtant pas inventé ! Je crois qu'on devient capricieux en vieillissant.

— C'est parfaitement vrai. Je voulais seulement savoir si vous lui avez répété ce que je vous ai dit l'autre soir.

— Ce que vous m'avez dit ?

— À propos de Jeffrey Aspern. Que je suis à la recherche de documents.

"If I had told her do you think she would have sent for you?"

"That's exactly what I want to know. If she wants to keep him to herself she might have sent for me to tell me so."

"She won't speak of him," said Miss Tita.

Then as she opened the door she added in a lower tone, "I have told her nothing."

The old woman was sitting in the same place in which I had seen her last, in the same position, with the same mystifying bandage over her eyes. her welcome was to turn her almost invisible face to me and show me that while she sat silent she saw me clearly. I made no motion to shake hands with her; I felt too well on this occasion that that was out of place forever. It had been sufficiently enjoined upon me that she was too sacred for that sort of reciprocity—too venerable to touch. There was something so grim in her aspect (it was partly the accident of her green shade), as I stood there to be measured, that I ceased on the spot to feel any doubt as to her knowing my secret, though I did not in the least suspect that Miss Tita had not just spoken the truth.

— Si je lui avais dit, croyez-vous qu'elle vous aurait fait demander ?

— C'est justement ce que je désire savoir. Si elle veut le conserver pour elle toute seule, elle peut désirer me faire venir afin de me le dire.

— Elle ne parlera pas de lui », dit miss Tina.

Puis, ouvrant la porte, elle ajouta, plus bas :

« Je ne lui ai rien dit. »

La vieille femme était assise au même endroit où je l'avais vue la dernière fois, dans la même position, avec le même bandeau mystificateur sur les yeux. Sa bienvenue consista à tourner vers moi son visage presque invisible, et me prouver que, tout en demeurant silencieuse, elle me voyait parfaitement. Je ne fis pas un mouvement pour lui serrer la main, je ne sentais que trop que c'était une chose réglée pour toujours. On m'avait suffisamment fait comprendre qu'elle était trop sacrée pour ces modernités triviales — trop vénérable pour être touchée. Il y avait quelque chose de si sarcastique dans son aspect — c'était dû en partie à sa visière verte — tandis que je me tenais devant elle, soumis à son examen, que je cessai subitement de douter qu'elle me soupçonnât, bien que je ne soupçonnasse pas moi-même un instant miss Tina de ne m'avoir pas dit la vérité.

She had not betrayed me, but the old woman's brooding instinct had served her; she had turned me over and over in the long, still hours, and she had guessed. The worst of it was that she looked terribly like an old woman who at a pinch would burn her papers.

Miss Tita pushed a chair forward, saying to me, "This will be a good place for you to sit." As I took possession of it I asked after Miss Bordereau's health; expressed the hope that in spite of the very hot weather it was satisfactory. She replied that it was good enough—good enough; that it was a great thing to be alive.

"Oh, as to that, it depends upon what you compare it with!" I exclaimed, laughing.

"I don't compare—I don't compare. If I did that I should have given everything up long ago."

I liked to think that this was a subtle allusion to the rapture she had known in the society of Jeffrey Aspern—though it was true that such an allusion would have accorded ill with the wish I imputed to her to keep him buried in her soul. What it accorded with was my constant conviction that no human being had ever had a more delightful social gift than his, and what it seemed to convey was that nothing in the world was worth speaking of if one pretended to speak of that.

Elle ne m'avait pas trahi, mais l'instinct secret de la vieille femme l'avait bien servie : elle m'avait retourné sous toutes les faces pendant ses longues heures solitaires et avait deviné ; et le pire de l'affaire, c'est qu'elle me semblait être de ces vieilles femmes capables, tel Sardanapale aux abois, de brûler leur trésor.

Miss Tina avança une chaise, en me disant : « Vous serez bien là. » Tout en en prenant possession, je m'informai de la santé de miss Bordereau, j'exprimai l'espoir qu'en dépit de la grande chaleur elle était satisfaisante. Elle répondit qu'elle était assez bonne — assez bonne ; que c'était déjà beaucoup de vivre.

« Oh ! quant à cela, cela dépend du terme de comparaison ! répondis-je en riant.

— Je ne compare pas, je ne compare pas. Si je comparais, j'aurais renoncé à tout depuis longtemps. »

Il me plut de prendre ceci pour une allusion subtile à l'ivresse qu'elle avait goûtée dans la société de Jeffrey Aspern — bien qu'à dire vrai, une telle allusion s'accordât mal avec ce désir que je lui imputais de le garder enseveli au fond de son cœur. Mais cela s'accordait du moins avec ma constante conviction que nul être humain n'avait possédé au même degré que lui l'heureux don de la joie de vivre ; et ce que cette phrase voulait faire comprendre était que rien dans le monde, auprès de cela, ne valait la peine d'être nommé — si l'on prétendait y faire allusion !

But one did not! Miss Tita sat down beside her aunt, looking as if she had reason to believe some very remarkable conversation would come off between us.

"It's about the beautiful flowers," said the old lady; "you sent us so many — I ought to have thanked you for them before. But I don't write letters and I receive only at long intervals."

She had not thanked me while the flowers continued to come, but she departed from her custom so far as to send for me as soon as she began to fear that they would not come any more. I noted this; I remembered what an acquisitive propensity she had shown when it was a question of extracting gold from me, and I privately rejoiced at the happy thought I had had in suspending my tribute. She had missed it and she was willing to make a concession to bring it back. At the first sign of this concession I could only go to meet her.

"I am afraid you have not had many, of late, but they shall begin again immediately — tomorrow, tonight."

"Oh, do send us some tonight!" Miss Tita cried, as if it were an immense circumstance.

Mais on ne prétendait rien de pareil ! Miss Tina s'était assise auprès de sa tante avec l'air de quelqu'un s'attendant à ce qu'une merveilleuse conversation s'établisse entre nous.

« C'est à propos de ces magnifiques fleurs, dit la vieille dame. Vous nous en avez tant envoyé ; j'aurais dû vous en remercier plus tôt. Mais je n'écris jamais — et je ne reçois que très rarement. »

Elle ne m'avait pas remercié tant que les fleurs avaient continué à lui arriver, mais elle se départissait de ses habitudes au point de m'envoyer chercher quand elle commençait de craindre de n'en plus recevoir. Je pris bonne note de cela ; je me souvins de l'espèce d'avidité qu'elle avait montrée quand il s'était agi de m'extraire mon or, et je me réjouis intérieurement de l'heureuse idée que j'avais eue de suspendre mes hommages. Ils lui manquaient et elle était prête à une concession qui les lui ramènerait de nouveau. Au premier signe qui me fut donné de cette concession, je lui épargnai la moitié du chemin.

« Je crains que vous n'en ayez guère reçu dernièrement, mais elles vont apparaître de nouveau, tout de suite, demain ou ce soir.

— Oh ! envoyez-en dès ce soir, s'écria miss Tina, comme s'il s'agissait d'une affaire d'importance.

"What else should you do with them? It isn't a manly taste to make a bower of your room," the old woman remarked.

"I don't make a bower of my room, but I am exceedingly fond of growing flowers, of watching their ways. There is nothing unmanly in that: it has been the amusement of philosophers, of statesmen in retirement; even I think of great captains."

"I suppose you know you can sell them—those you don't use," Miss Bordereau went on. "I daresay they wouldn't give you much for them; still, you could make a bargain."

"Oh, I have never made a bargain, as you ought to know. My gardener disposes of them and I ask no questions."

"I would ask a few, I can promise you!" said Miss Bordereau; and it was the first time I had heard her laugh. I could not get used to the idea that this vision of pecuniary profit was what drew out the divine Juliana most.

"Come into the garden yourself and pick them; come as often as you like; come every day. They are all for you," I pursued, addressing Miss Tita

— Qu'avez-vous de mieux à en faire ? Ce n'est pas un goût mâle de faire de sa chambre un bosquet, remarqua la vieille femme.

— Je ne fais pas de ma chambre un bosquet, mais j'adore faire pousser des fleurs et les étudier. Il n'y a rien là qui soit indigne d'un homme : cela a été l'amusement de philosophes, d'hommes d'État dans leur retraite ; je crois, même de grands capitaines.

— Je pense que vous savez que vous pourriez les vendre ; celles dont vous n'avez pas l'emploi, continua miss Bordereau. On ne vous en donnerait pas cher : tout de même, vous pourriez faire une affaire.

— Oh ! de ma vie je n'ai fait une affaire, comme vous avez dû vous en apercevoir. Mon jardinier en dispose à son gré, et je ne lui adresse pas de questions à ce sujet.

— Je lui en adresserai quelques-unes, je vous en réponds », dit miss Bordereau ; et j'entendis pour la première fois son étrange rire. C'était comme si le léger fantôme de sa voix de jadis substituait au pas de promenade de ses apparitions un rond de jambe imprévu. Je ne pouvais m'habituer à cette idée que la vision d'un profit pécuniaire était ce qui animait le plus la divine Juliana.

« Venez au jardin vous-même et cueillez-les ; venez aussi souvent que vous voudrez ; venez tous les jours, poursuivis-je, me tournant vers miss Tina ; les fleurs sont toutes pour vous. »

and carrying off this veracious statement by treating it as an innocent joke. "I can't imagine why she doesn't come down," I added, for Miss Bordereau's benefit.

"You must make her come; you must come up and fetch her," said the old woman, to my stupefaction. "That odd thing you have made in the corner would be a capital place for her to sit."

The allusion to my arbor was irreverent; it confirmed the impression I had already received that there was a flicker of impertinence in Miss Bordereau's talk, a strange mocking lambency which must have been a part of her adventurous youth and which had outlived passions and faculties. Nonetheless I asked, "Wouldn't it be possible for you to come down there yourself? Wouldn't it do you good to sit there in the shade, in the sweet air?"

"Oh, sir, when I move out of this it won't be to sit in the air, and I'm afraid that any that may be stirring around me won't be particularly sweet! It will be a very dark shade indeed. But that won't be just yet,"

J'avais pris le ton de la plaisanterie pour faire passer cette très sincère déclaration. « Je ne peux pas comprendre pourquoi elle n'y descend pas, ajoutai-je, et ceci était à l'adresse de miss Bordereau.

— Il faut que vous l'y fassiez venir ; il faut monter la chercher, dit la vieille, à ma profonde stupéfaction. Cette drôle de machine que vous avez fait faire dans le coin lui sera très commode pour s'asseoir. »

Cette allusion au plus soigné, au plus étudié de mes bosquets ombreux, une esquisse de « pavillon de repos » digne de servir de modèle à un peintre, était vraiment irrévérente ; elle me confirma dans mon impression qu'il y avait un soupçon d'impertinence dans le langage de miss Bordereau, un vague écho de la hardiesse ou de la mutinerie de sa jeunesse aventureuse, qui avait, en quelque sorte automatiquement, survécu à ses passions et à ses facultés. Je demandai néanmoins :

« Ne vous serait-il pas possible d'y descendre vous-même ? Ne serait-ce pas bon pour vous de vous asseoir un peu à l'ombre dans cet air embaumé ?

— Ah ! monsieur, quand je quitterai cette chambre, ce ne sera pas pour prendre l'air et je crains que celui qui m'environnera alors ne soit pas particulièrement embaumé. L'ombre que je goûterai sera réellement profonde, cela oui. Mais ce ne sera pas encore tout de suite »,

Miss Bordereau continued cannily, as if to correct any hopes that this courageous allusion to the last receptacle of her mortality might lead me to entertain. "I have sat here many a day and I have had enough of arbors in my time. But I'm not afraid to wait till I'm called."

Miss Tita had expected some interesting talk, but perhaps she found it less genial on her aunt's side (considering that I had been sent for with a civil intention) than she had hoped. As if to give the conversation a turn that would put our companion in a light more favorable she said to me, "Didn't I tell you the other night that she had sent me out? You see that I can do what I like!"

"Do you pity her—do you teach her to pity herself?" Miss Bordereau demanded before I had time to answer this appeal. "She has a much easier life than I had when I was her age."

"You must remember that it has been quite open to me to think you rather inhuman."

"Inhuman? That's what the poets used to call the women a hundred years ago. Don't try that; you won't do as well as they!" Juliana declared. "There is no more poetry in the world—that I know of at least. But I won't bandy words with you," she pursued,

continua miss Bordereau sarcastiquement, comme pour anéantir l'espoir que le regard familier jeté sur le dernier réceptacle de ses restes mortels eût pu faire naître en moi. « Je me suis assise là dehors bien des fois, et j'ai eu tout ce qu'il me fallait de bosquets dans mon temps. Maintenant j'attends mon tour sans crainte. »

Miss Tina, ainsi que je l'avais pensé, comptait bien sur une conversation remarquable, mais peut-être la trouvait-elle moins agréable du côté de sa tante qu'elle n'était en droit d'espérer, étant donné qu'elle m'avait envoyé chercher dans une intention civile. Pour modifier la situation et mettre notre compagne dans un jour plus favorable, elle me dit :

« Ne vous ai-je pas assuré l'autre soir qu'elle m'avait envoyée au jardin ? Vous voyez que je fais les choses qui me sont agréables.

— Vous la plaignez ? Vous lui enseignez à se plaindre ? demanda miss Bordereau, avant que j'eusse le temps de répondre. Elle a une vie plus facile que je ne l'avais à son âge.

— Vous oubliez, dis-je, que les circonstances me permettent de vous traiter d'inhumaine.

— Inhumaine ? C'est ce que les poètes disaient des femmes il y a cent ans ; ne vous y risquez pas : vous ne feriez pas aussi bien qu'eux, poursuivit Juliana. Il n'y a plus de poésie dans le monde, du moins pas à ma connaissance. Mais je ne veux pas badiner avec vous », dit-elle.

and I well remember the old-fashioned, artificial sound she gave to the speech. "You have made me talk, talk! It isn't good for me at all."

I got up at this and told her I would take no more of her time; but she detained me to ask, "Do you remember, the day I saw you about the rooms, that you offered us the use of your gondola?"

And when I assented, promptly, struck again with her disposition to make a "good thing" of being there and wondering what she now had in her eye, she broke out, "Why don't you take that girl out in it and show her the place?"

"Oh, dear Aunt, what do you want to do with me?" cried the "girl" with a piteous quaver. "I know all about the place!"

"Well then, go with him as a cicerone!" said Miss Bordereau with an effort of something like cruelty in her implacable power of retort—an incongruous suggestion that she was a sarcastic, profane, cynical old woman. "Haven't we heard that there have been all sorts of changes in all these years? You ought to see them and at your age (I don't mean because you're so young) you ought to take the chances that come.

Et je me souviens du ton affecté et démodé qu'elle donna à ces mots. « Vous me faites parler, parler ! Ce n'est pas bon du tout pour moi. »

En entendant ceci, je me levai et lui déclarai que je n'abuserais pas davantage de son temps, mais elle me retint pour me poser une question : « Vous rappelez-vous que le jour où je vous vis à propos des chambres, vous nous aviez offert de nous servir de votre gondole ? »

Et quand j'eus promptement acquiescé, frappé de nouveau de cette disposition à faire de mon séjour chez elles une « bonne affaire » et me demandais ce qu'elle pouvait bien avoir maintenant en tête, elle me sortit :

« Pourquoi n'y emmenez-vous pas cette petite pour lui montrer la ville ?

— Oh ! ma chère tante, que me voulez-vous ? s'écria la « petite » en balbutiant pitoyablement : je connais la ville par cœur !

— Eh bien ! alors, allez avec lui et expliquez-lui les choses », dit miss Bordereau, qui était presque cruelle dans son implacable don de repartie. Elle se révélait une sarcastique vieille femme, railleuse et cynique. « N'avons-nous pas entendu dire qu'il y avait eu toutes sortes de changements depuis quelques années ? Vous devriez aller les voir, et à votre âge — ce n'est pas que je veuille dire que vous soyez tellement jeune — il faut saisir les occasions qui se présentent.

You're old enough, my dear, and this gentleman won't hurt you. He will show you the famous sunsets, if they still go on—DO they go on? The sun set for me so long ago. But that's not a reason. Besides, I shall never miss you; you think you are too important. Take her to the Piazza; it used to be very pretty," Miss Bordereau continued, addressing herself to me. "What have they done with the funny old church? I hope it hasn't tumbled down. Let her look at the shops; she may take some money, she may buy what she likes."

Poor Miss Tita had got up, discountenanced and helpless, and as we stood there before her aunt it would certainly have seemed to a spectator of the scene that the old woman was amusing herself at our expense. Miss Tita protested, in a confusion of exclamations and murmurs; but I lost no time in saying that if she would do me the honor to accept the hospitality of my boat I would engage that she should not be bored. Or if she did not want so much of my company the boat itself, with the gondolier, was at her service; he was a capital oar and she might have every confidence. Miss Tita, without definitely answering this speech, looked away from me, out of the window, as if she were going to cry; and I remarked that once we had Miss Bordereau's approval we could easily come to an understanding.

Vous êtes d'âge, ma chère, à ce que ce monsieur ne vous fasse pas peur. Il vous montrera les célèbres couchers de soleil, s'il y en a encore. Y en a-t-il encore ? Le soleil s'est couché pour moi il y a longtemps : mais ce n'est pas une raison. D'ailleurs, vous ne me manquerez pas : vous vous croyez trop importante. Menez-la à la Piazza ; c'était si joli autrefois ! continua miss Bordereau, s'adressant à moi. Qu'est-ce qu'ils ont fait de la drôle de vieille église ? J'espère qu'elle n'est pas en ruine. Que la petite regarde les boutiques ; qu'elle prenne de l'argent, qu'elle s'achète ce qui lui plaira. »

La pauvre miss Tina s'était levée, déconcertée et sans défense, et, à nous voir tous deux debout devant sa tante, un spectateur de cette scène aurait certainement pensé que notre vénérable amie se moquait royalement de nous. Miss Tina protestait dans un murmure confus d'exclamations inachevées ; mais je ne perdis pas de temps à déclarer que, si elle daignait me faire l'honneur d'accepter l'hospitalité de ma gondole, je pourrais m'engager à ce qu'elle ne s'ennuyât point. Ou bien, si ma présence était de trop, le bateau avec le gondolier était à son service, il était une rame de première force et elle pouvait avoir toute confiance. Miss Tina, sans donner une réponse définitive à ce discours, regardait par la fenêtre en se détournant de moi, prête à pleurer ; je déclarai alors que, du moment que miss Bordereau approuvait la chose, nous nous entendrions facilement.

We would take an hour, whichever she liked, one of the very next days. As I made my obeisance to the old lady I asked her if she would kindly permit me to see her again.

For a moment she said nothing; then she inquired, "Is it very necessary to your happiness?"

"It diverts me more than I can say."

"You are wonderfully civil. Don't you know it almost kills ME?"

"How can I believe that when I see you more animated, more brilliant than when I came in?"

"That is very true, Aunt," said Miss Tita. "I think it does you good."

"Isn't it touching, the solicitude we each have that the other shall enjoy herself?" sneered Miss Bordereau. "If you think me brilliant today you don't know what you are talking about; you have never seen an agreeable woman. Don't try to pay me a compliment; I have been spoiled," she went on. "My door is shut, but you may sometimes knock."

With this she dismissed me, and I left the room. The latch closed behind me, but Miss Tita, contrary to my hope, had remained within. I passed slowly across

Nous arrêterions une heure, à son choix, l'un de ces très prochains jours. Puis, présentant mes hommages à la vieille dame, je lui demandai si elle aurait la bonté de me permettre de revenir.

Elle me tint un moment en suspens, puis elle dit :

« Est-ce très nécessaire à votre bonheur ?

— Cela me plaît plus que je ne saurais dire.

— Vous êtes incroyablement poli, vous ne voyez pas que cela *me* tue à peu près ?

— Comment puis-je croire une chose pareille quand je vous vois plus animée, plus brillante qu'à mon entrée ?

— C'est très vrai, tante, dit miss Tina, je crois que cela vous fait du bien.

— N'est-ce pas touchant, cette sollicitude que chacune de nous montre pour le plaisir de l'autre ? ricana miss Bordereau. Si vous me trouvez brillante aujourd'hui, cela prouve que vous ne savez de quoi vous parlez : vous n'avez jamais vu une femme agréable. N'essayez pas de me faire un compliment ; j'ai été gâté là-dessus, continua-t-elle ; ma porte est fermée à tout le monde, mais vous pouvez y frapper quelquefois. »

Avec ces mots elle me congédia et je quittai la chambre. Le loquet retomba derrière moi, mais miss Tina, contrairement à ce que j'espérais, resta à l'intérieur. Je traversai lentement

the hall and before taking my way downstairs I waited a little. My hope was answered; after a minute Miss Tita followed me.

"That's a delightful idea about the Piazza," I said. "When will you go—tonight, tomorrow?"

She had been disconcerted, as I have mentioned, but I had already perceived and I was to observe again that when Miss Tita was embarrassed she did not (as most women would have done) turn away from you and try to escape, but came closer, as it were, with a deprecating, clinging appeal to be spared, to be protected. Her attitude was perpetually a sort of prayer for assistance, for explanation; and yet no woman in the world could have been less of a comedian. From the moment you were kind to her she depended on you absolutely; her self-consciousness dropped from her and she took the greatest intimacy, the innocent intimacy which was the only thing she could conceive, for granted. She told me she did not know what had got into her aunt; she had changed so quickly, she had got some idea. I replied that she must find out what the idea was and then let me know; we would go and have an ice together at Florian's, and she should tell me while we listened to the band.

la grande salle, et, avant de descendre, j'attendis un peu. Mon espoir fut rempli ; une minute plus tard, mon introductrice me suivait.

« C'est une excellente idée que celle de la Piazza, dis-je. Quand voulez-vous y aller ! Ce soir ? Demain ? »

Elle était désemparée, ainsi que je l'ai déjà dit ; mais j'avais déjà observé, et je devais l'observer encore, que, quand miss Tina était embarrassée, elle ne se détournait pas, en hésitant et en s'interrompant, comme la plupart des femmes, mais s'approchait, plutôt avec une espèce d'appel suppliant et enveloppant, pour être épargnée et protégée. Ses attitudes étaient une prière constante, implorant à la fois une aide et une explication, et cependant nulle femme au monde ne fut jamais moins comédienne. À partir du moment où vous lui aviez montré quelque bonté, elle s'abandonnait à vous complètement ; sa réserve tombait et elle considérait comme acquise la plus extrême intimité, c'est-à-dire cette innocente intimité qui était la seule qu'elle pût concevoir.

Elle me déclara qu'elle ne savait ce qui avait pris à sa tante, qui avait changé si rapidement, qui avait certainement quelque idée de derrière la tête. Je lui répondis qu'il fallait capter cette idée et me la donner ; nous irions ensemble prendre une glace chez Florian, et elle me raconterait sa découverte, tout en écoutant l'orchestre.

"Oh, it will take me a long time to find out!" she said, rather ruefully; and she could promise me this satisfaction neither for that night nor for the next. I was patient now, however, for I felt that I had only to wait; and in fact at the end of the week, one lovely evening after dinner, she stepped into my gondola, to which in honor of the occasion I had attached a second oar.

We swept in the course of five minutes into the Grand Canal; whereupon she uttered a murmur of ecstasy as fresh as if she had been a tourist just arrived. She had forgotten how splendid the great waterway looked on a clear, hot summer evening, and how the sense of floating between marble palaces and reflected lights disposed the mind to sympathetic talk.

We floated long and far, and though Miss Tita gave no high-pitched voice to her satisfaction I felt that she surrendered herself. She was more than pleased, she was transported; the whole thing was an immense liberation. The gondola moved with slow strokes, to give her time to enjoy it, and she listened to the plash of the oars, which grew louder and more musically liquid as we passed into narrow canals, as if it were a revelation of Venice. When I asked her how long it was since she had been in a boat she answered,

« Oh ! il me faudra beaucoup de temps pour la "découverte" », dit-elle avec une certaine mélancolie ; et elle ne put me promettre cette satisfaction ni pour ce soir, ni pour le lendemain. Mais je pouvais maintenant me montrer patient, car je sentais qu'il n'y avait plus qu'à attendre, et, de fait, à la fin de la semaine, par un temps merveilleux, après le dîner, elle entrait dans ma gondole, à laquelle, en l'honneur de cette occasion, j'avais attaché un second rameur.

En cinq minutes, nous avions volé jusqu'au Grand Canal, dont la vue lui arracha un murmure d'extase aussi naïf que si elle eût été un touriste fraîchement débarqué. Elle avait oublié la splendeur de ce grand chemin d'eau par les nuits claires de l'été, et combien la sensation de flotter, pour ainsi dire, entre les marbres des palais et les reflets des lumières dispose l'esprit à l'aisance et à la liberté.

Nous flottâmes loin et longtemps, et, bien que mon amie n'exprimât pas sa joie par des exclamations stridentes, j'étais certain que je l'avais entièrement conquise. Elle était plus que contente, elle était transportée : c'était pour elle une complète libération. La gondole n'avançait que lentement, pour lui laisser le temps d'en jouir, et elle écoutait les rames frapper l'eau — plus fort et plus musicalement quand nous passions dans les canaux étroits —, comme si elle avait pour la première fois la révélation de Venise. Quand je lui demandai combien il y avait de temps qu'elle n'avait ainsi navigué, elle répondit :

"Oh, I don't know; a long time—not since my aunt began to be ill."

This was not the only example she gave me of her extreme vagueness about the previous years and the line which marked off the period when Miss Bordereau flourished. I was not at liberty to keep her out too long, but we took a considerable GIRO before going to the Piazza. I asked her no questions, keeping the conversation on purpose away from her domestic situation and the things I wanted to know; I poured treasures of information about Venice into her ears, described Florence and Rome, discoursed to her on the charms and advantages of travel.

She reclined, receptive, on the deep leather cushions, turned her eyes conscientiously to everything I pointed out to her, and never mentioned to me till sometime afterward that she might be supposed to know Florence better than I, as she had lived there for years with Miss Bordereau. At last she asked, with the shy impatience of a child, "Are we not really going to the Piazza? That's what I want to see!"

I immediately gave the order that we should go straight; and then we sat silent with the expectation of arrival. As some time still passed, however, she said suddenly, of her own movement, "I have found out what is the matter with my aunt: she is afraid you will go!"

« Oh ! je ne sais pas, bien longtemps ; pas depuis que ma tante est malade. »

Une fois de plus se révélait ce vague extrême qui enveloppait les années précédentes et le moment précis où avait cessé la période de notoriété de miss Bordereau. Je ne pouvais faire durer la soirée bien tard, mais nous fîmes un *giro* considérable avant d'aborder à la Piazza. Je me gardai de lui poser aucune question sur sa vie familière et tout ce que je désirais savoir ; au contraire, je lui versai mes trésors d'information sur les choses qui nous entouraient, lui décrivant en même temps Florence et Rome, discourant sur les charmes et les avantages des voyages.

Elle s'appuyait, attentive et douce, sur les épais coussins de cuir, tournait consciencieusement les yeux là où je lui signalais quelque chose, et ne jugea à propos que plus tard de m'apprendre qu'il se pouvait qu'elle connût Florence mieux que moi, y ayant vécu plusieurs années avec sa vieille parente. Elle finit par dire, avec l'impatience timide d'un enfant :

« Est-ce que nous n'irons pas à la Piazza ? C'est cela que je voudrais voir ! »

Je donnai immédiatement l'ordre d'y aller tout droit, et nous restâmes silencieux dans l'attente de l'arrivée. Cependant quelque temps se passa, et elle reprit, de son propre mouvement :

« J'ai trouvé ce qu'a ma tante : elle craint que vous ne vous en alliez ! »

"What has put that into her head?"

"She has had an idea you have not been happy. That is why she is different now."

"You mean she wants to make me happier?"

"Well, she wants you not to go; she wants you to stay."

"I suppose you mean on account of the rent," I remarked candidly.

Miss Tita's candor showed itself a match for my own.

"Yes, you know; so that I shall have more."

"How much does she want you to have?" I asked, laughing. "She ought to fix the sum, so that I may stay till it's made up."

"Oh, that wouldn't please me," said Miss Tita. "It would be unheard of, your taking that trouble."

"But suppose I should have my own reasons for staying in Venice?"

"Then it would be better for you to stay in some other house."

Je suffoquai :

« Qu'est-ce qui a pu lui mettre cela dans la tête ?

— Elle a comme l'idée que vous ne vous plaisez pas à la maison. C'est pour cela qu'elle a changé de manière d'être.

— Vous voulez dire qu'elle désire que je m'y plaise davantage ?

— Enfin, elle désire que vous ne vous en alliez pas. Elle désire que vous restiez.

— À cause de ce que je paye, je suppose », remarquai-je, avec candeur.

La candeur de miss Tina fut à hauteur.

« Oui, bien sûr ; pour que j'aie davantage.

— Combien désire-t-elle que vous ayez, demandai-je, laissant libre cours à la gaieté qui finissait par me gagner. Elle devrait fixer la somme afin que je reste jusqu'à ce qu'elle soit atteinte.

— Oh ! cela ne me plairait pas, dit miss Tina. C'est une chose qui ne se serait jamais vue, de prendre une peine pareille.

— Mais, supposez que j'aie mes propres raisons pour désirer rester à Venise ?

— Alors il vaudrait mieux que vous alliez habiter une autre maison.

"And what would your aunt say to that?"

"She wouldn't like it at all. But I should think you would do well to give up your reasons and go away altogether."

"Dear Miss Tita," I said, "it's not so easy to give them up!"

She made no immediate answer to this, but after a moment she broke out: "I think I know what your reasons are!"

"I daresay, because the other night I almost told you how I wish you would help me to make them good."

"I can't do that without being false to my aunt."

"What do you mean, being false to her?"

"Why, she would never consent to what you want. She has been asked, she has been written to. It made her fearfully angry."

"Then she HAS got papers of value?" I demanded quickly.

"Oh, she has got everything!" sighed Miss Tita with a curious weariness, a sudden lapse into gloom.

These words caused all my pulses to throb, for I regarded them as precious evidence. For some minutes I was too agitated to speak, and in the interval the gondola approached the Piazzetta.

— Et qu'est-ce que votre tante dirait de cela ?

— Elle n'aimerait pas cela du tout. Mais je crois que vous feriez bien de renoncer à vos raisons et de vous en aller pour tout de bon.

— Chère miss Tina, dis-je, il ne m'est pas si facile de renoncer à mes raisons ! »

Sa réponse ne fut pas immédiate, mais après un moment elle reprit, de nouveau :

« Je crois que je connais vos raisons !

— C'est bien possible, puisque, l'autre soir, je vous ai dit combien je désirais que vous m'aidiez à atteindre mon but.

— Je ne puis faire cela sans tromper ma tante.

— Que voulez-vous dire par : la tromper ?

— Que jamais elle ne consentira à ce que vous désirez. On le lui a déjà demandé, on lui a écrit. Cela la fâche horriblement.

— Alors, elle *a* réellement des documents de valeur ? m'écriai-je précipitamment.

— Oh ! elle a tout ! » soupira miss Tina, avec une lassitude bizarre, un soudain envahissement de profonde tristesse.

À ces mots, je sentis mon pouls s'accélérer, car ils fournissaient une preuve précieuse à mes yeux. Mon émotion était trop profonde pour me permettre de parler, et, dans le silence qui s'ensuivit, la gondole aborda la Piazzetta.

After we had disembarked I asked my companion whether she would rather walk round the square or go and sit at the door of the cafe; to which she replied that she would do whichever I liked best—I must only remember again how little time she had.

I assured her there was plenty to do both, and we made the circuit of the long arcades. Her spirits revived at the sight of the bright shop windows, and she lingered and stopped, admiring or disapproving of their contents, asking me what I thought of things, theorizing about prices. My attention wandered from her; her words of a while before, "Oh, she has got everything!" echoed so in my consciousness. We sat down at last in the crowded circle at Florian's, finding an unoccupied table among those that were ranged in the square.

It was a splendid night and all the world was out-of-doors; Miss Tita could not have wished the elements more auspicious for her return to society. I saw that she enjoyed it even more than she told; she was agitated with the multitude of her impressions. She had forgotten what an attractive thing the world is, and it was coming over her that somehow she had for the best years of her life been cheated of it. This did not make her angry; but as she looked all over the charming scene her face had, in spite of its smile of appreciation, the flush of a sort of wounded surprise. She became silent,

Après avoir mis pied à terre, je demandai à ma compagne si elle préférait faire le tour de la place ou aller s'asseoir devant le grand café ; à quoi elle répondit qu'elle ferait ce qui me plairait le mieux ; il fallait seulement se souvenir que nous n'avions que peu de temps à nous.

Je l'assurai qu'il y en avait largement assez pour exécuter tout le programme, et nous entreprîmes le tour des longues arcades. Ses esprits lui revinrent à la vue des boutiques étincelantes ; elle s'y arrêtait, s'y attardait, admirant ou critiquant leurs étalages, me demandant ce que j'en pensais et discutant les prix. Mon attention était ailleurs ; ses paroles de tout à l'heure : « Oh ! elle a tout ! » se répétaient dans mon esprit en écho prolongé. Nous finîmes par nous asseoir au milieu de la foule pressée du café Florian, ayant trouvé une table inoccupée parmi celles qui étaient rangées sur la place.

La nuit était splendide et tout le monde dehors : miss Tina n'aurait pu souhaiter opérer son retour à la vie mondaine sous de meilleurs auspices. Je voyais bien qu'elle le sentait plus encore qu'elle ne le disait, mais ses impressions étaient presque trop violentes pour elle. Elle avait oublié les attractions de ce monde et s'apercevait qu'elle en avait été sevrée sans pitié pendant les plus belles années de sa vie. Ceci ne l'irritait point ; mais, tandis qu'elle contemplait le charmant spectacle, son visage, en dépit de son sourire approbateur, rougissait de surprise blessée. Elle ne disait mot,

as if she were thinking with a secret sadness of opportunities, forever lost, which ought to have been easy; and this gave me a chance to say to her, "Did you mean a while ago that your aunt has a plan of keeping me on by admitting me occasionally to her presence?"

"She thinks it will make a difference with you if you sometimes see her. She wants you so much to stay that she is willing to make that concession."

"And what good does she consider that I think it will do me to see her?"

"I don't know; she thinks it's interesting," said Miss Tita simply. "You told her you found it so."

"So I did; but everyone doesn't think so."

"No, of course not, or more people would try."

"Well, if she is capable of making that reflection she is capable of making this further one," I went on: "that I must have a particular reason for not doing as others do, in spite of the interest she offers—for not leaving her alone."

Miss Tita looked as if she failed to grasp this rather complicated proposition; so I continued, "If you have not told her what I said to you the other night may she not at least have guessed it?"

plongée dans le regret des occasions, à jamais perdues, qui se seraient si aisément présentées à elle, et cela me permit de lui demander :

« Vouliez-vous, tout à l'heure, me faire entendre que votre tante m'admet de temps à autre chez elle avec l'idée que cela me fera prolonger mon séjour ?

— Elle croit que vos impressions se modifieront si vous la voyez quelquefois. Elle désire tellement que vous restiez, qu'elle est prête à faire cette concession.

— Et en quoi, d'après elle, mes impressions pourraient-elles se modifier, si je la revois ?

— Je ne sais pas : elle est peut-être intéressante, dit miss Tina avec simplicité, vous le lui avez dit.

— C'est vrai, mais ce n'est pas l'avis de tout le monde.

— Non, évidemment, sinon plus de personnes tenteraient de venir.

— Eh bien ! si elle est capable de faire cette réflexion, elle est capable de faire celle-ci, continuai-je : c'est qu'il faut que j'aie une raison particulière pour ne pas agir comme tout le monde en dépit de l'intérêt qu'elle offre — en ne l'abandonnant pas à elle-même ! »

Miss Tina ne sembla pas saisir le sens de cette phrase plutôt compliquée ; je poursuivis donc : « Si vous ne lui avez pas raconté ce que je vous ai dit l'autre soir, peut-elle du moins l'avoir deviné ?

"I don't know; she is very suspicious."

"But she has not been made so by indiscreet curiosity, by persecution?"

"No, no; it isn't that," said Miss Tita, turning on me a somewhat troubled face. "I don't know how to say it: it's on account of something—ages ago, before I was born—in her life."

"Something? What sort of thing?" I asked as if I myself could have no idea.

"Oh, she has never told me," Miss Tita answered; and I was sure she was speaking the truth.

Her extreme limpidity was almost provoking, and I felt for the moment that she would have been more satisfactory if she had been less ingenuous.

"Do you suppose it's something to which Jeffrey Aspern's letters and papers—I mean the things in her possession—have reference?"

"I daresay it is!" my companion exclaimed as if this were a very happy suggestion. "I have never looked at any of those things."

"None of them? Then how do you know what they are?"

"I don't," said Miss Tita placidly. "I have never had them in my hands. But I have seen them when she has had them out."

— Je ne sais pas : elle est très soupçonneuse.

— Mais ce ne sont pas des curiosités indiscrètes, des persécutions, qui en sont cause ?

— Non, non, ce n'est pas cela, dit miss Tina en tournant vers moi un visage troublé. Je ne sais comment dire : c'est par rapport à quelque chose dans sa vie, il y a des siècles, avant ma naissance.

— Quelque chose ? Quelle espèce de chose ? » Je posai la question comme si je ne pouvais avoir aucune idée de cette chose.

« Oh ! elle ne me l'a jamais dit. » Et ici, j'étais certain que mon amie disait vrai.

Son extrême limpidité était presque exaspérante, et je pensai, l'espace d'un moment, qu'elle aurait été d'un commerce plus agréable en étant moins ingénue.

« Supposez-vous que cette chose ait un rapport avec les lettres et les papiers de Jeffrey Aspern — je veux dire ces affaires qui sont en sa possession ?

— Je le croirais volontiers, s'écria ma compagne, comme si je venais de lancer une heureuse hypothèse. Je n'ai jamais jeté un coup d'œil sur ces affaires.

— Sur aucune ? Alors comment savez-vous qu'elles sont ?

— Je ne le sais pas, dit miss Tina, placidement. Je ne les ai jamais tenues dans mes mains. Mais je les ai vues, quand elle les sort.

"Does she have them out often?"

"Not now, but she used to. She is very fond of them."

"In spite of their being compromising?"

"Compromising?" Miss Tita repeated as if she was ignorant of the meaning of the word. I felt almost as one who corrupts the innocence of youth.

"I mean their containing painful memories."

"Oh, I don't think they are painful."

"You mean you don't think they affect her reputation?"

At this a singular look came into the face of Miss Bordereau's niece—a kind of confession of helplessness, an appeal to me to deal fairly, generously with her. I had brought her to the Piazza, placed her among charming influences, paid her an attention she appreciated, and now I seemed to let her perceive that all this had been a bribe—a bribe to make her turn in some way against her aunt.

She was of a yielding nature and capable of doing almost anything to please a person who was kind to her; but the greatest kindness of all would be not to presume

— Est-ce qu'elle les sort souvent ?

— Pas maintenant, mais autrefois. Elle y tient beaucoup.

— En dépit de leur caractère compromettant ?

— Compromettant ? » répéta miss Tina comme si elle cherchait quel sens à donner à ce mot. Je me sentais presque dans l'état d'âme d'un corrupteur de l'innocence.

« Je fais allusion aux pénibles souvenirs qu'elles peuvent contenir.

— Oh ! je ne crois pas qu'il y ait rien de pénible.

— Vous voulez dire qu'il n'y a rien qui puisse nuire à sa réputation ? »

À ces mots, une expression plus bizarre encore que d'habitude parut sur le visage de la nièce de miss Bordereau, comme un aveu de sa faiblesse, une supplication d'agir honnêtement, généreusement envers elle. Je l'avais amenée à la Piazza, je la soumettais aux plus douces influences, je l'entourais d'attentions auxquelles elle était sensible, et maintenant je semblais avoir machiné tout cela pour la corrompre — pour la corrompre à mon profit aux dépens de sa tante.

Il était dans sa nature de céder et elle était capable de presque tout faire pour plaire à quelqu'un qui lui donnait une marque certaine de sa bonté ; mais la marque la plus grande qu'on pouvait lui donner était de ne pas trop exiger

too much on this. It was strange enough, as I afterward thought, that she had not the least air of resenting my want of consideration for her aunt's character, which would have been in the worst possible taste if anything less vital (from my point of view) had been at stake. I don't think she really measured it.

"Do you mean that she did something bad?" she asked in a moment.

"Heaven forbid I should say so, and it's none of my business. Besides, if she did," I added, laughing, "it was in other ages, in another world. But why should she not destroy her papers?"

"Oh, she loves them too much."

"Even now, when she may be near her end?"

"Perhaps when she's sure of that she will."

"Well, Miss Tita," I said, "it's just what I should like you to prevent."

"How can I prevent it?"

"Couldn't you get them away from her?"

"And give them to you?"

This put the case very crudely, though I am sure there was no irony in her intention.

de reconnaissance. C'était assez curieux — j'y réfléchis plus tard — qu'elle ne m'en voulût pas le moins du monde de mon manque de considération pour la réputation de sa tante, ce qui aurait été cependant du plus mauvais goût de ma part si un intérêt moins vital — à mon point de vue — n'eût été en jeu. Je ne crois pas qu'elle s'en rendit réellement compte.

« Voulez-vous dire qu'elle ait jamais fait quelque chose de coupable ? demanda-t-elle après un silence.

— Le ciel me préserve de jamais dire cela, et cela ne me regarde en rien. D'ailleurs, si elle l'a fait — telle fut l'aimable expression que j'employai —, il y a des siècles de cela, c'était dans un autre monde. Mais qu'est-ce qui l'empêcherait de détruire les papiers ?

— Oh ! elle les aime trop !

— Même maintenant, quand sa fin peut être si proche ?

— Peut-être le fera-t-elle quand elle en sera sûre.

— Eh bien ! miss Tina, dis-je, c'est justement cela que je voudrais que vous empêchiez.

— Comment puis-je l'empêcher ?

— Ne pouvez-vous pas les prendre ?

— Et vous les donner ? »

Ceci résumait la situation, à première vue, avec une ironie cinglante, mais j'étais certain que ce n'était pas son intention.

"Oh, I mean that you might let me see them and look them over. It isn't for myself; there is no personal avidity in my desire. It is simply that they would be of such immense interest to the public, such immeasurable importance as a contribution to Jeffrey Aspern's history."

She listened to me in her usual manner, as if my speech were full of reference to things she had never heard of, and I felt particularly like the reporter of a newspaper who forces his way into a house of mourning. This was especially the case when after a moment she said.

"There was a gentleman who some time ago wrote to her in very much those words. He also wanted her papers."

"And did she answer him?" I asked, rather ashamed of myself for not having her rectitude.

"Only when he had written two or three times. He made her very angry."

"And what did she say?"

"She said he was a devil," Miss Tita replied simply.

"She used that expression in her letter?"

"Oh, no; she said it to me. She made me write to him."

"And what did you say?"

« Je veux dire que vous pourriez me les laisser voir et les examiner rapidement. Ce n'est pas dans mon propre intérêt, et je ne voudrais pas que cela nuisît à personne. C'est tout simplement parce que cela aurait un immense intérêt pour le public, une importance incalculable comme contribution à l'histoire de Jeffrey Aspern. »

Elle m'écoutait avec son expression habituelle, comme si je discourais sur des sujets dont elle n'aurait jamais entendu parler, et je me sentais l'âme aussi basse qu'un reporter qui pénètre de Force dans une maison en deuil. Cette sensation fut justifiée quand elle reprit :

« Il y a quelque temps, un monsieur lui a écrit à peu près en ces termes ; lui aussi désirait ses papiers.

— Et lui a-t-elle répondu ? demandai-je, un peu honteux de n'avoir pas imité la franche conduite de mon ami.

— Seulement après qu'il lui eut écrit deux ou trois fois. Il l'a beaucoup fâchée.

— Et qu'en a-t-elle dit ?

— Elle a dit qu'il était un animal, répondit catégoriquement miss Tina.

— Elle a employé cette expression dans sa lettre ?

— Oh ! non, elle me l'a dit, à moi. C'est moi qu'elle a chargée de lui répondre.

— Et que lui dîtes-vous ?

"I told him there were no papers at all."

"Ah, poor gentleman!" I exclaimed.

"I knew there were, but I wrote what she bade me."

"Of course you had to do that. But I hope I shall not pass for a devil."

"It will depend upon what you ask me to do for you," said Miss Tita, smiling.

"Oh, if there is a chance of YOUR thinking so my affair is in a bad way! I shan't ask you to steal for me, nor even to fib — for you can't fib, unless on paper. But the principal thing is this — to prevent her from destroying the papers."

"Why, I have no control of her," said Miss Tita. "It's she who controls me."

"But she doesn't control her own arms and legs, does she? The way she would naturally destroy her letters would be to burn them. Now she can't burn them without fire, and she can't get fire unless you give it to her."

"I have always done everything she has asked," my companion rejoined. "Besides, there's Olimpia."

— Je lui dis qu'il n'existait aucun papier.

— Ah ! le pauvre garçon ! soupirai-je.

— Je savais bien qu'il en existait, mais j'ai écrit d'après ses ordres.

— Naturellement, vous n'aviez que cela à faire. Mais j'espère que je ne vais pas être traité d'animal.

— Cela dépend de ce que vous me demanderez de faire pour vous. » Et ma compagne sourit.

« Oh ! s'il y a seulement l'ombre d'une chance que *vous* pensiez ainsi de moi, mon affaire est en mauvaise voie ! Je ne vous demanderai pas de voler pour moi, ni même de mentir — car vous êtes incapable de mentir, excepté sur le papier. Mais l'important c'est que vous l'empêchiez de détruire les papiers.

— Mais je n'ai aucune autorité sur elle, dit miss Tina. C'est elle qui exerce la sienne sur moi.

— Mais elle ne peut l'exercer sur ses bras et ses jambes, n'est-ce pas ? La manière dont elle détruira le plus naturellement ses lettres sera de les brûler. Or, elle ne peut les brûler sans feu, et elle ne peut avoir de feu que si vous lui en procurez.

— J'ai toujours fait tout ce qu'elle m'a demandé, plaida ma pauvre amie. Et puis, il y a Olimpia. »

I was on the point of saying that Olimpia was probably corruptible, but I thought it best not to sound that note. So I simply inquired if that faithful domestic could not be managed.

"Everyone can be managed by my aunt," said Miss Tita. And then she observed that her holiday was over; she must go home.

I laid my hand on her arm, across the table, to stay her a moment. "What I want of you is a general promise to help me."

"Oh, how can I—how can I?" she asked, wondering and troubled. She was half-surprised, half-frightened at my wishing to make her play an active part.

"This is the main thing: to watch her carefully and warn me in time, before she commits that horrible sacrilege."

"I can't watch her when she makes me go out."

"That's very true."

"And when you do, too."

"Mercy on us; do you think she will have done anything tonight?"

"I don't know; she is very cunning."

"Are you trying to frighten me?" I asked.

Je fus sur le point de dire qu'Olimpia était probablement corruptible, mais je jugeai préférable de ne pas pincer cette corde pour le moment. Je dis simplement que cette faible créature pourrait sans doute être endoctrinée.

« Ma tante endoctrine qui elle veut », dit miss Tina. Puis elle se rappela que son congé tirait à sa fin : il fallait rentrer. Je posai ma main sur son bras, à travers la table, pour la retenir un instant :

« Ce que je veux de vous est une promesse de m'aider, d'une façon générale.

— Mais comment, comment le puis-je ? » demanda-t-elle songeuse et troublée. Elle était à demi surprise, à demi effrayée de l'importance que je lui donnais, de cet appel à son action propre.

« Voici la chose principale : surveiller soigneusement notre amie et m'avertir à temps, avant qu'elle commette l'affreux sacrilège.

— Je ne peux pas la surveiller quand elle me dit de sortir.

— C'est très vrai.

— Et que vous sortez avec moi.

— Dieu nous protège ! croyez-vous qu'elle ait fait quelque chose ce soir ?

— Je ne sais pas, elle est très rusée.

— Vous essayez de me faire peur ? » demandai-je.

I felt this inquiry sufficiently answered when my companion murmured in a musing, almost envious way, "Oh, but she loves them — she loves them!"

This reflection, repeated with such emphasis, gave me great comfort; but to obtain more of that balm I said, "If she shouldn't intend to destroy the objects we speak of before her death she will probably have made some disposition by will."

"By will?"

"Hasn't she made a will for your benefit?"

"Why, she has so little to leave. That's why she likes money," said Miss Tita.

"Might I ask, since we are really talking things over, what you and she live on?"

"On some money that comes from America, from a lawyer. He sends it every quarter. It isn't much!"

"And won't she have disposed of that?"

My companion hesitated — I saw she was blushing.

"I believe it's mine," she said; and the look and tone which accompanied these words betrayed so the absence of the habit of thinking of herself that I almost thought her charming. The next instant she added,

La seule réponse de miss Tina à cette question — mais elle me suffit — fut de murmurer sur un ton rêveur et presque envieux :

« Mais elle les aime ! elle les aime ! »

Cette réflexion, répétée avec solennité, me combla d'aise, et, pour obtenir davantage de ce baume, je dis :

« Si elle n'a pas l'intention de détruire avant sa mort les objets dont nous parlons, elle en aura probablement disposé par testament.

— Par testament ?

— N'a-t-elle pas fait un testament en votre faveur ?

— Ah ! elle a si peu à léguer ! C'est pour cela qu'elle tient à l'argent, dit miss Tina.

— Oserai-je vous demander, puisque nous sommes sur ce sujet, de quoi vous vivez, toutes deux ?

— D'argent qui vient d'Amérique par les mains d'un monsieur, un notaire, je crois, de New York. Il nous l'envoie chaque trimestre. Ce n'est guère !

— N'aura-t-elle pris aucune disposition pour cela ? »

Ma compagne hésita : je vis qu'elle rougissait.

« Je crois que tout est à moi », dit-elle. Son regard et le ton de ses paroles témoignaient d'un oubli si habituel d'elle-même que je fus sur le point de la trouver charmante. L'instant d'après, elle ajouta :

"But she had a lawyer once, ever so long ago. And some people came and signed something."

"They were probably witnesses. And you were not asked to sign? Well then," I argued rapidly and hopefully, "it is because you are the legatee; she has left all her documents to you!"

"If she has it's with very strict conditions," Miss Tita responded, rising quickly, while the movement gave the words a little character of decision. They seemed to imply that the bequest would be accompanied with a command that the articles bequeathed should remain concealed from every inquisitive eye and that I was very much mistaken if I thought she was the person to depart from an injunction so solemn.

"Oh, of course you will have to abide by the terms," I said; and she uttered nothing to mitigate the severity of this conclusion. Nonetheless, later, just before we disembarked at her own door, on our return, which had taken place almost in silence, she said to me abruptly, "I will do what I can to help you." I was grateful for this — it was very well so far as it went; but it did not keep me from remembering that night in a worried waking hour that I now had her word for it to reinforce my own impression that the old woman was very cunning.

« Mais elle a demandé une fois un *avvocato*, il y a extrêmement longtemps. Et il est venu des gens qui ont signé quelque chose.

— C'étaient des témoins, probablement. Et on ne vous a pas demandé de signer ? Eh bien, alors, raisonnai-je rapidement et plein d'espérance, c'est parce que vous êtes sa légataire. Elle doit vous avoir laissé tous les documents !

— Si elle l'a fait, ce doit être avec des conditions très strictes », répondit miss Tina en se levant hâtivement, et le mouvement donnait à ses paroles une certaine apparence de décision. Elles semblaient signifier que le legs serait accompagné de la restriction que les objets légués devaient demeurer cachés à tous les yeux, et que je me trompais grossièrement si je la supposais capable de désobéir à une injonction aussi absolue.

« Oh ! bien entendu ! Vous devrez respecter les termes du testament », dis-je. Et elle ne prononça rien pour adoucir la rigueur de cette conclusion. Néanmoins, un peu plus tard, juste avant de débarquer à la porte, après un retour effectué dans un silence presque complet, elle me dit brusquement :

« Je ferai ce que je pourrai pour vous aider. » Je lui en fus très reconnaissant : c'était parfait pour le moment ; mais cela ne m'empêcha pas, pendant l'heure d'insomnie fiévreuse que j'eus cette nuit-là, de me rappeler que j'avais maintenant sa propre affirmation pour fortifier ma conviction que la vieille femme avait plus d'un tour dans son sac.

7

The fear of what this side of her character might have led her to do made me nervous for days afterward. I waited for an intimation from Miss Tita; I almost figured to myself that it was her duty to keep me informed, to let me know definitely whether or no Miss Bordereau had sacrificed her treasures. But as she gave no sign I lost patience and determined to judge so far as was possible with my own senses. I sent late one afternoon to ask if I might pay the ladies a visit, and my servant came back with surprising news. Miss Bordereau could be approached without the least difficulty; she had been moved out into the sala and was sitting by the window that overlooked the garden.

I descended and found this picture correct; the old lady had been wheeled forth into the world and had a certain air, which came mainly perhaps from some brighter element in her dress,

7

La crainte de ce qu'un tel caractère pouvait lui avoir fait exécuter me hanta pendant les jours qui suivirent. J'attendais un signe de miss Tina ; je considérais presque comme son devoir de me tenir au courant, de me faire savoir définitivement si miss Bordereau avait, ou non, sacrifié ses trésors. Mais, voyant qu'aucun signe ne venait, je me décidai à m'éclairer par mes propres moyens. Une fin d'après-midi, j'envoyai demander si je pouvais rendre visite à ces dames, et mon domestique revint avec les plus surprenantes nouvelles : miss Bordereau pouvait être approchée sans la moindre difficulté ; elle avait été amenée à la sala et était assise auprès de la fenêtre qui donnait sur le jardin.

Je descendis et je vis que le tableau était exact : la vieille dame avait été brouettée jusque dans le monde, et avait un certain air — qui venait peut-être surtout de quelque élégance dans ses vêtements —

of being prepared again to have converse with it. It had not yet, however, begun to flock about her; she was perfectly alone and, though the door leading to her own quarters stood open, I had at first no glimpse of Miss Tita. The window at which she sat had the afternoon shade and, one of the shutters having been pushed back, she could see the pleasant garden, where the summer sun had by this time dried up too many of the plants — she could see the yellow light and the long shadows.

"Have you come to tell me that you will take the rooms for six months more?" she asked as I approached her, startling me by something coarse in her cupidity almost as much as if she had not already given me a specimen of it. Juliana's desire to make our acquaintance lucrative had been, as I have sufficiently indicated, a false note in my image of the woman who had inspired a great poet with immortal lines; but I may say here definitely that I recognized after all that it behooved me to make a large allowance for her. It was I who had kindled the unholy flame; it was I who had put into her head that she had the means of making money.

She appeared never to have thought of that; she had been living wastefully for years, in a house five times too big for her, on a footing that I could explain only by the presumption that,

de vouloir s'y mêler de nouveau. Le monde, cependant, n'avait pas encore commencé à affluer : elle était absolument seule, et, bien que la porte qui menait à ses appartements fût restée ouverte, je n'aperçus pas tout d'abord miss Tina. La fenêtre où elle était assise était à l'ombre l'après-midi ; on avait ouvert une persienne, et elle pouvait voir le joli jardin, où le soleil de l'été avait, maintenant, desséché bien des plantes ; elle y pouvait voir la lumière dorée et les longues ombres.

« Venez-vous me dire que vous gardez les chambres six mois de plus ? » demanda-t-elle comme je l'approchais.

Je fus saisi par une sorte de vulgarité dans son avarice, presque autant que si elle ne m'en eût pas encore offert de spécimen. Ce désir de Juliana de rendre nos relations lucratives m'apparaissait — je l'ai suffisamment répété — comme une fausse note dans l'image harmonieuse que je me faisais de la femme qui avait inspiré au grand poète des lignes immortelles. Mais je dois dire ici, d'une façon définitive, qu'après tout, il y avait bien des raisons de l'excuser. C'était moi qui avais allumé la flamme coupable ; c'était moi qui lui avais mis dans la tête qu'elle possédait un moyen de gagner de l'argent.

Elle semblait n'y avoir jamais pensé ; elle avait vécu mesquinement pendant des années, dans une maison dix fois trop vaste pour elle, avec une apparence de grandeur que je ne m'expliquais qu'en supposant que,

excessive as it was, the space she enjoyed cost her next to nothing and that small as were her revenues they left her, for Venice, an appreciable margin. I had descended on her one day and taught her to calculate, and my almost extravagant comedy on the subject of the garden had presented me irresistibly in the light of a victim. Like all persons who achieve the miracle of changing their point of view when they are old she had been intensely converted; she had seized my hint with a desperate, tremulous clutch.

I invited myself to go and get one of the chairs that stood, at a distance, against the wall (she had given herself no concern as to whether I should sit or stand); and while I placed it near her I began, gaily, "Oh, dear madam, what an imagination you have, what an intellectual sweep! I am a poor devil of a man of letters who lives from day to day. How can I take palaces by the year? My existence is precarious. I don't know whether six months hence I shall have bread to put in my mouth. I have treated myself for once; it has been an immense luxury. But when it comes to going on—!"

"Are your rooms too dear? If they are you can have more for the same money," Juliana responded. "We can arrange, we can *combinare*, as they say here."

tout immense qu'il fût, l'espace qu'elle occupait ne lui coûtait presque rien, et que, pour minces qu'ils fussent, ses revenus lui permettaient, à Venise, ce superflu. Mais un beau jour j'étais tombé du ciel, je lui avais appris à calculer, et la comédie presque extravagante que j'avais jouée au sujet du jardin me présentait presque irrésistiblement comme une proie. Ainsi qu'à toutes les personnes auxquelles il arrive le miracle de changer de point de vue dans leur vieillesse, sa conversion avait été totale : elle s'était jetée sur mon indication avec une passion frémissante et désespérée.

Je m'invitai moi-même à aller prendre une des chaises adossées au mur, à quelque distance : elle ne montrait aucun souci de me savoir assis ou debout ; et je me plaçai auprès d'elle, en m'exclamant gaiement :

« Chère madame, quelle imagination vous avez, quelle puissance de conception ! Je suis un pauvre diable d'homme de lettres qui vit au jour le jour. Comment puis-je louer des palais à l'année ? Mon existence est précaire. Je ne sais si j'aurai du pain dans six mois. Pour une fois, j'ai voulu me gâter, ç'a été une volupté immense ! Mais pour ce qui est de continuer…

— Trouvez-vous les chambres trop chères ? En ce cas, je pourrais vous en offrir davantage, et au même prix, répondit Juliana. Nous pouvons nous arranger, *combinare*, comme on dit ici.

"Well yes, since you ask me, they are too dear," I said. "Evidently you suppose me richer than I am."

She looked at me in her barricaded way.

"If you write books don't you sell them?"

"Do you mean don't people buy them? A little—not so much as I could wish. Writing books, unless one be a great genius—and even then!—is the last road to fortune. I think there is no more money to be made by literature."

"Perhaps you don't choose good subjects. What do you write about?" Miss Bordereau inquired.

"About the books of other people. I'm a critic, an historian, in a small way."

I wondered what she was coming to.

"And what other people, now?"

"Oh, better ones than myself: the great writers mainly—the great philosophers and poets of the past; those who are dead and gone and can't speak for themselves."

"And what do you say about them?"

— Eh bien, puisque vous me le demandez, oui, elles sont chères ; beaucoup trop chères, dis-je. Évidemment, vous me croyez plus riche que je le suis. »

Elle me regarda comme une sorcière à l'entrée de sa caverne :

« Si vous écrivez, vous ne vendez donc pas vos livres ?

— Vous voulez dire : on ne les achète donc pas ? Un peu, très peu, pas autant que je le désirerais. Écrire des livres, à moins d'être un grand génie — et encore ! — est la dernière route qui mène à la fortune. Je crois que les belles-lettres ne peuvent plus enrichir leur homme.

— Peut-être ne choisissez-vous pas de bons sujets. Lesquels traitez-vous ? poursuivit implacablement miss Bordereau.

— J'écris sur les livres des autres. Je suis un critique, un commentateur, un historien en petit. »

Je me demandais où elle voulait en venir.

« Quels autres, au juste ?

— Ceux qui valent mieux que moi ; les grands écrivains principalement ; les grands philosophes, les poètes d'autrefois ; ceux qui sont morts à jamais et ne peuvent, les chers disparus, travailler pour eux-mêmes.

— Et qu'en dites-vous ?

"I say they sometimes attached themselves to very clever women!"

I answered, laughing. I spoke with great deliberation, but as my words fell upon the air they struck me as imprudent. However, I risked them and I was not sorry, for perhaps after all the old woman would be willing to treat. It seemed to be tolerably obvious that she knew my secret: why therefore drag the matter out? But she did not take what I had said as a confession; she only asked:

"Do you think it's right to rake up the past?"

"I don't know that I know what you mean by raking it up; but how can we get at it unless we dig a little? The present has such a rough way of treading it down."

"Oh, I like the past, but I don't like critics," the old woman declared with her fine tranquility.

"Neither do I, but I like their discoveries."

"Aren't they mostly lies?"

"The lies are what they sometimes discover," I said, smiling at the quiet impertinence of this. "They often lay bare the truth."

"The truth is God's, it isn't man's; we had better leave it alone. Who can judge of it—who can say?"

— Je dis qu'ils se sont quelquefois épris de femmes très douées », répliquai-je en manière de plaisanterie.

J'avais cru avoir calculé, à leur juste valeur, l'audace de mes paroles ; cependant, à mesure qu'elles résonnaient dans l'air, leur imprudence me frappa. Enfin, elles étaient lancées, et je ne le regrettais pas, car, après tout, peut-être la vieille femme serait-elle désireuse de traiter. Il paraissait assez vraisemblable qu'elle connût mon secret. Pourquoi alors faire traîner les choses ? Mais elle ne prit pas ce que j'avais dit pour une confession ; elle demanda seulement :

« Croyez-vous que ce soit bien de remuer le passé ?

— Je crois que je ne comprends pas bien ce que vous voulez dire par « remuer ». Comment pouvons-nous le découvrir si nous ne creusons pas un peu ? Les gens d'aujourd'hui le piétinent si brutalement !

— Oh ! j'aime le passé, mais je n'aime pas les critiques, déclara mon hôtesse avec une complaisance hautaine.

— Moi, non plus, mais j'aime leurs découvertes.

— Ne sont-ce pas des mensonges, la plupart du temps !

— Les mensonges sont souvent ce que leurs travaux les amènent à découvrir, dis-je, souriant de sa rare insolence. Ils révèlent souvent la vérité.

— La vérité appartient à Dieu, non aux hommes. Il vaut mieux la laisser tranquille. Qui peut en juger ? Qui a le droit de parler ?

"We are terribly in the dark, I know," I admitted; "but if we give up trying what becomes of all the fine things? What becomes of the work I just mentioned, that of the great philosophers and poets? It is all vain words if there is nothing to measure it by."

"You talk as if you were a tailor," said Miss Bordereau whimsically; and then she added quickly, in a different manner, "This house is very fine; the proportions are magnificent. Today I wanted to look at this place again. I made them bring me out here. When your man came, just now, to learn if I would see you, I was on the point of sending for you, to ask if you didn't mean to go on. I wanted to judge what I'm letting you have. This sala is very grand," she pursued, like an auctioneer, moving a little, as I guessed, her invisible eyes. "I don't believe you often have lived in such a house, eh?"

"I can't often afford to!" I said.

"Well then, how much will you give for six months?"

I was on the point of exclaiming—and the air of excruciation in my face would have denoted a moral face—"Don't, Juliana; for HIS sake, don't!" But I controlled myself and asked less passionately: "Why should I remain so long as that?"

— Nous sommes environnés de ténèbres, je le sais, admis-je. Mais si nous renonçons à toute recherche, qu'adviendra-t-il de l'art ? Qu'adviendra-t-il des œuvres dont je parlais tout à l'heure, celles des philosophes et des poètes ? Ce ne sont que paroles vaines, si nous ne les mesurons pas d'après nos propres cœurs.

— Vous parlez comme un tailleur », dit drôlement miss Bordereau, puis elle ajouta, très vite et sur un ton différent : « Cette maison est fort belle ; les proportions en sont magnifiques. J'ai voulu revoir ce côté aujourd'hui ; je me suis fait amener ici. Quand votre domestique est venu demander si je voulais vous recevoir, j'étais sur le point de vous envoyer chercher pour savoir si vous n'aviez pas l'intention de rester ; je voulais me rendre compte de ce que je vous loue. Cette sala est vraiment grandiose, continua-t-elle comme un commissaire-priseur, tournant de côté et d'autre, je le devinai, ses yeux invisibles. Je ne crois pas que vous ayez souvent habité une telle maison, hein ?

— Mes moyens ne me le permettent pas, dis-je.

— Eh bien ! alors, que me donneriez-vous pour six mois ? »

Je fus sur le point de m'écrier — et vraiment la figure de crucifié que je devais faire était l'expression d'une réalité morale : « Arrêtez, Juliana ! pour l'amour du poète, arrêtez ! » Mais je me maîtrisai, et je demandai, moins ardemment : « Pourquoi resterais-je si longtemps ?

"I thought you liked it," said Miss Bordereau with her shriveled dignity.

"So I thought I should."

For a moment she said nothing more, and I left my own words to suggest to her what they might. I half-expected her to say, coldly enough, that if I had been disappointed we need not continue the discussion, and this in spite of the fact that I believed her now to have in her mind (however it had come there) what would have told her that my disappointment was natural. But to my extreme surprise she ended by observing:

"If you don't think we have treated you well enough perhaps we can discover some way of treating you better." This speech was somehow so incongruous that it made me laugh again, and I excused myself by saying that she talked as if I were a sulky boy, pouting in the corner, to be "brought round." I had not a grain of complaint to make; and could anything have exceeded Miss Tita's graciousness in accompanying me a few nights before to the Piazza? At this the old woman went on:

"Well, you brought it on yourself!" And then in a different tone, "She is a very nice girl." I assented cordially to this proposition, and she expressed

— Je croyais que vous vous plaisiez ici, dit miss Bordereau avec sa dignité sèche.

— J'espérais m'y plaire. »

Elle ne dit rien de plus pendant un moment, et je laissai mes paroles opérer. Je m'attendais presque à lui entendre dire, plutôt froidement, qu'il était inutile de continuer le débat, du moment que j'étais déçu ; et cependant mes paroles chagrines n'auraient nullement dû l'étonner : car jetais convaincu qu'elle savait maintenant — comment y était-elle arrivée ? — ce qui me causait ce désappointement trop naturel. Mais, à mon extrême surprise, elle finit par dire :

« Si vous trouvez que nous ne vous avons pas traité assez bien, peut-être serait-il possible de découvrir quelque moyen de vous traiter mieux. » Ce discours était tellement incongru, en quelque sorte, qu'il me fit rire de nouveau, et je m'en excusai en disant qu'elle me parlait comme à un gamin qui bouderait dans un coin et qu'il fallait ramener. Je n'avais pas l'ombre d'une plainte à faire ; y avait-il rien qui pût excéder la gracieuseté que m'avait montrée miss Tina en m'accompagnant l'autre soir à la Piazza ? La vieille femme répliqua alors :

« Vous n'avez que vous-même à en remercier. » Puis, sur un ton différent : « C'est une très belle fille. » J'acquiesçai cordialement à cette proposition, et elle exprima

the hope that I did so not merely to be obliging, but that I really liked her. Meanwhile I wondered still more what Miss Bordereau was coming to. "Except for me, today," she said, "she has not a relation in the world."

Did she by describing her niece as amiable and unencumbered wish to represent her as a *parti*?

It was perfectly true that I could not afford to go on with my rooms at a fancy price and that I had already devoted to my undertaking almost all the hard cash I had set apart for it. My patience and my time were by no means exhausted, but I should be able to draw upon them only on a more usual Venetian basis. I was willing to pay the venerable woman with whom my pecuniary dealings were such a discord twice as much as any other *padrona di casa* would have asked, but I was not willing to pay her twenty times as much. I told her so plainly, and my plainness appeared to have some success, for she exclaimed, "Very good; you have done what I asked—you have made an offer!"

"Yes, but not for half a year. Only by the month."

"Oh, I must think of that then."

l'espoir que je n'avais pas agi seulement pour lui être agréable, mais qu'elle me plaisait réellement. Je me demandais avec un étonnement croissant où miss Bordereau voulait en venir. « En dehors de moi, dit-elle, elle n'a plus aujourd'hui aucun parent au monde. »

Voulait-elle, en décrivant ainsi sa nièce comme une personne aimable et désencombrée, la présenter comme un « parti » ?

C'était absolument vrai que je ne pouvais me permettre de continuer à payer mes chambres un prix de pure fantaisie, et que mon entreprise avait déjà consommé presque tout l'argent que je m'étais promis de lui consacrer. Ni ma patience ni le temps dont je pouvais disposer n'étaient à bout, mais je ne voulais en user désormais qu'en me rapprochant des prix habituels à Venise. J'étais prêt à payer, à la précieuse personne avec laquelle mes rapports pécuniaires étaient si difficultueux, le double de ce que m'aurait demandé toute autre *padrona di casa*, mais je n'étais pas prêt à payer vingt fois plus. Je le lui dis carrément, et cette franchise sembla lui plaire, car elle s'écria :

« Très bien, vous faites ce que je vous ai demandé : vous faites une offre !

— Oui, mais pas pour un semestre. Au mois seulement.

— Oh ! alors, il faut que j'y réfléchisse ! »

She seemed disappointed that I would not tie myself to a period, and I guessed that she wished both to secure me and to discourage me; to say severely, "Do you dream that you can get off with less than six months? Do you dream that even by the end of that time you will be appreciably nearer your victory?"

What was more in my mind was that she had a fancy to play me the trick of making me engage myself when in fact she had annihilated the papers. There was a moment when my suspense on this point was so acute that I all but broke out with the question, and what kept it back was but a kind of instinctive recoil (lest it should be a mistake), from the last violence of self-exposure. She was such a subtle old witch that one could never tell where one stood with her.

You may imagine whether it cleared up the puzzle when, just after she had said she would think of my proposal and without any formal transition, she drew out of her pocket with an embarrassed hand a small object wrapped in crumpled white paper. She held it there a moment and then she asked, "Do you know much about curiosities?"

"About curiosities?"

Elle semblait désappointée de ce que je ne voulusse pas me lier pour une telle période et je devinai qu'elle voulait à la fois me garder et me décourager ; me dire sévèrement : « Auriez-vous imaginé en être quitte pour moins de six mois ? Auriez-vous imaginé que, même à ce moment, vous approchiez le but d'une manière appréciable ? »

Ce qui me trottait le plus dans la tête était que peut-être la fantaisie lui avait pris de me jouer ce tour, de me forcer à m'engager quand, dans le fait, elle avait déjà anéanti son trésor. À un moment mon angoisse à ce sujet devint tellement aiguë que la question fut près de m'échapper ; ce qui me retint, ce fut mon recul instinctif devant la brutalité d'une confession complète — brutalité à laquelle pouvait encore s'ajouter la maladresse d'une fausse manœuvre. Elle était une si subtile vieille sorcière qu'on ne savait jamais quelle attitude prendre avec elle.

Vous pouvez imaginer si ce me fut un éclaircissement de l'énigme, de la voir tirer de sa poche sans aucune transition, juste après m'avoir dit qu'elle réfléchirait à ma proposition, un petit paquet enveloppé d'un papier blanc tout chiffonné. Elle le tint dans la main, d'un air plutôt embarrassé, pendant un moment, puis résuma ainsi ses réflexions :

« Vous connaissez-vous en curiosités ?

— En curiosités ?

"About antiquities, the old gimcracks that people pay so much for today. Do you know the kind of price they bring?"

I thought I saw what was coming, but I said ingenuously, "Do you want to buy something?"

"No, I want to sell. What would an amateur give me for that?"

She unfolded the white paper and made a motion for me to take from her a small oval portrait. I possessed myself of it with a hand of which I could only hope that she did not perceive the tremor, and she added, "I would part with it only for a good price."

At the first glance I recognized Jeffrey Aspern, and I was well aware that I flushed with the act. As she was watching me however I had the consistency to exclaim, "What a striking face! Do tell me who it is."

"It's an old friend of mine, a very distinguished man in his day. He gave it to me himself, but I'm afraid to mention his name, lest you never should have heard of him, critic and historian as you are. I know the world goes fast and one generation forgets another. He was all the fashion when I was young."

— En choses anciennes, ces vieux bibelots qu'on paye si cher aujourd'hui ? Savez-vous les prix qu'elles font ? »

Je crus comprendre ce qui allait venir, mais je répondis ingénument :

« Désirez-vous acheter quelque chose ?

— Non, je désire vendre. Qu'est-ce qu'un amateur me donnerait de ceci ? »

Elle déplia le papier blanc et fit un mouvement vers moi comme pour tendre un petit portrait ovale. Je m'en emparai avec des doigts dont je ne pouvais espérer qu'ils ne trahissaient pas l'âpreté de leur prise.

« Je ne m'en séparerais que pour un bon prix. »

Au premier coup d'œil je reconnus Jeffrey Aspern et j'eus parfaitement conscience que je rougissais. Cependant, comme elle m'observait, j'eus la présence d'esprit de m'écrier :

« Quel visage saisissant ! Dites-moi qui c'est ?

— C'est un vieil ami à moi, un homme très distingué de son temps. Il me l'a donné lui-même, mais je craindrais de citer son nom, de peur que vous ne l'ayez jamais entendu, tout critique et historien que vous soyez. Je sais que ce monde va vite, et qu'une génération chasse l'autre. Il était tout ce qu'il y a de plus à la mode quand j'étais jeune. »

She was perhaps amazed at my assurance, but I was surprised at hers; at her having the energy, in her state of health and at her time of life, to wish to sport with me that way simply for her private entertainment—the humor to test me and practice on me. This, at least, was the interpretation that I put upon her production of the portrait, for I could not believe that she really desired to sell it or cared for any information I might give her.

What she wished was to dangle it before my eyes and put a prohibitive price on it.

"The face comes back to me, it torments me," I said, turning the object this way and that and looking at it very critically. It was a careful but not a supreme work of art, larger than the ordinary miniature and representing a young man with a remarkably handsome face, in a high-collared green coat and a buff waistcoat. I judged the picture to have a valuable quality of resemblance and to have been painted when the model was about twenty-five years old. There are, as all the world knows, three other portraits of the poet in existence, but none of them is of so early a date as this elegant production.

"I have never seen the original but I have seen other likenesses," I went on. "You expressed doubt of this generation having heard of the gentleman,

Elle était peut-être stupéfaite de mon assurance, mais je puis dire que la sienne me surprenait. Avoir l'énergie, dans son état de santé et à son âge, de prendre plaisir à jouer ce jeu avec moi, simplement pour son divertissement personnel ; trouver assez d'entrain pour m'éprouver, me faire marcher, me ridiculiser ! Voilà, du moins, l'interprétation que je donnais à l'exposition de la relique, car je ne pouvais croire qu'elle désirât réellement la vendre, ou même qu'elle tînt à ce que je lui donnasse une information sérieuse.

Ce qu'elle désirait, c'était la faire danser devant mes yeux et en demander un prix prohibitif.

« Ce visage me hante, il me persécute », dis-je tournant l'objet de-ci de-là et l'examinant en critique sévère. C'était une œuvre soignée, mais non de premier ordre, plus grande qu'une miniature ordinaire, et représentant un jeune homme d'une beauté remarquable, vêtu d'une redingote verte à col haut et d'un gilet chamois. Je sentais dans ce petit ouvrage le don de la ressemblance et je jugeai qu'il avait dû être peint lorsque le modèle avait environ vingt-cinq ans. Comme chacun sait, il existe dans le monde trois autres portraits du poète, mais aucun n'est antérieur à cette élégante image.

« Je n'ai jamais vu l'original, qui est clairement un homme du temps passé, mais j'ai vu d'autres reproductions de ces traits, continuai-je. Vous avez exprimé un doute que notre génération connût ce monsieur,

but he strikes me for all the world as a celebrity. Now who is he? I can't put my finger on him—I can't give him a label. Wasn't he a writer? Surely he's a poet."

I was determined that it should be she, not I, who should first pronounce Jeffrey Aspern's name.

My resolution was taken in ignorance of Miss Bordereau's extremely resolute character, and her lips never formed in my hearing the syllables that meant so much for her. She neglected to answer my question but raised her hand to take back the picture, with a gesture which though ineffectual was in a high degree peremptory.

"It's only a person who should know for himself that would give me my price," she said with a certain dryness.

"Oh, then, you have a price?"

I did not restore the precious thing; not from any vindictive purpose but because I instinctively clung to it. We looked at each other hard while I retained it.

"I know the least I would take. What it occurred to me to ask you about is the most I shall be able to get."

mais il me donne tout à fait l'impression d'être un homme célèbre. Voyons, qui est-il ? Je ne peux pas dire au juste, je ne peux pas l'identifier. N'est-ce pas un écrivain ? C'est un poète, sûrement. »

J'étais bien déterminé à ce que ce fût elle, et non moi, qui prononçât la première le nom de Jeffrey Aspern.

Ma détermination n'avait pas tenu compte du caractère extrêmement résolu de miss Bordereau et jamais ses lèvres ne proférèrent devant moi les syllabes qui représentaient tant de choses pour elle. Elle négligea de répondre à ma question, mais éleva la main pour reprendre le portrait, d'un geste qui, bien qu'impotent, se révélait nettement péremptoire.

« Il n'y a qu'une personne vraiment au courant qui voudra jamais payer mon prix, dit-elle avec une certaine sécheresse.

— Vous avez donc un prix ? »

Je n'avais pas rendu le charmant objet, non pas que j'entretinsse quelque projet de vengeance, mais parce que je m'y cramponnais instinctivement. Nous nous regardâmes fixement tandis que je le retenais.

« Je sais le prix le plus bas auquel je le céderais. Ce que je désirais savoir de vous est le prix le plus élevé que j'en pourrais obtenir. »

She made a movement, drawing herself together as if, in a spasm of dread at having lost her treasure, she were going to attempt the immense effort of rising to snatch it from me. I instantly placed it in her hand again, saying as I did so, "I should like to have it myself, but with your ideas I could never afford it."

She turned the small oval plate over in her lap, with its face down, and I thought I saw her catch her breath a little, as if she had had a strain or an escape. This however did not prevent her saying in a moment, "You would buy a likeness of a person you don't know, by an artist who has no reputation?"

"The artist may have no reputation, but that thing is wonderfully well painted," I replied, to give myself a reason.

"It's lucky you thought of saying that, because the painter was my father."

"That makes the picture indeed precious!" I exclaimed, laughing; and I may add that a part of my laughter came from my satisfaction in finding that I had been right in my theory of Miss Bordereau's origin. Aspern had of course met the young lady when he went to her father's studio as a sitter.

Elle fit le mouvement de se ramasser sur elle-même, comme si, dans un spasme de terreur d'avoir perdu son joyau, elle allait être contrainte à l'effort immense de se lever pour me l'arracher. Je le reposai immédiatement dans sa main, tout en disant :

« J'aimerais bien le posséder, mais, avec les idées que vous avez, c'est très au-dessus de mes moyens. »

Elle retourna le petit cadre ovale sur ses genoux pour m'en cacher la peinture, et je l'entendis haleter, comme une personne qui vient de faire un effort ou d'échapper à un péril, ce qui ne l'empêcha pas de dire sitôt après :

« Vous achèteriez le portrait d'une personne que vous ne connaissez pas, exécuté par un artiste sans réputation ?

— L'artiste peut n'avoir pas de réputation, mais cette œuvre est étonnamment bien peinte, répliquai-je, pour fournir une raison quelconque.

— Vous avez de la chance d'avoir trouvé cette explication, car le peintre était mon père.

— Voilà qui rend le tableau réellement précieux », dis-je gaiement ; et je puis ajouter qu'une part de ma gaieté venait de cette preuve qui corroborait ma théorie sur les origines de miss Bordereau. Aspern, tout naturellement, avait rencontré la jeune personne en venant poser dans l'atelier de son père.

I observed to Miss Bordereau that if she would entrust me with her property for twenty-four hours I should be happy to take advice upon it; but she made no answer to this save to slip it in silence into her pocket. This convinced me still more that she had no sincere intention of selling it during her lifetime, though she may have desired to satisfy herself as to the sum her niece, should she leave it to her, might expect eventually to obtain for it.

"Well, at any rate I hope you will not offer it without giving me notice," I said as she remained irresponsive. "Remember that I am a possible purchaser."

"I should want your money first!" she returned with unexpected rudeness; and then, as if she bethought herself that I had just cause to complain of such an insinuation and wished to turn the matter off, asked abruptly what I talked about with her niece when I went out with her that way in the evening.

"You speak as if we had set up the habit," I replied. "Certainly I should be very glad if it were to become a habit. But in that case I should feel a still greater scruple at betraying a lady's confidence."

"Her confidence? Has she got confidence?"

Je dis à miss Bordereau que, si elle me confiait sa propriété pendant vingt-quatre heures, je me ferais un plaisir de prendre l'avis d'un expert, mais sa seule réponse fut de la glisser silencieusement dans sa poche. Ceci m'ancra dans la conviction qu'elle n'avait pas sincèrement l'intention de vendre cet objet sa vie durant, bien qu'elle eût peut-être le désir d'être fixée sur la somme que sa nièce pourrait en tirer, à l'occasion, si elle le lui léguait.

« Enfin, en tout cas, j'espère que vous ne l'offrirez à personne sans m'en avertir, repris-je, tandis qu'elle demeurait dans le silence. Pensez à moi comme à un acheteur possible.

— Je vous demanderais l'argent, d'abord », répliqua-t-elle avec une grossièreté inattendue, puis, comme si elle s'apercevait tout d'un coup que je pourrais me plaindre à bon droit de ce ton, et qu'elle désirait changer de sujet, elle me demanda brusquement de quoi je causais avec sa nièce quand je sortais avec elle le soir.

« Vous en parlez comme d'une habitude prise, répondis-je. Certainement, je serais très content si cela devenait l'usage entre nous, un fort agréable usage. Mais en ce cas mon scrupule serait encore plus grand de trahir la confiance d'une dame.

— Sa confiance ? Ma nièce a une confiance à donner ?

"Here she is—she can tell you herself," I said; for Miss Tita now appeared on the threshold of the old woman's parlor. "Have you got confidence, Miss Tita? Your aunt wants very much to know."

"Not in her, not in her!" the younger lady declared, shaking her head with a dolefulness that was neither jocular not affected. "I don't know what to do with her; she has fits of horrid imprudence. She is so easily tired—and yet she has begun to roam—to drag herself about the house."

And she stood looking down at her immemorial companion with a sort of helpless wonder, as if all their years of familiarity had not made her perversities, on occasion, any more easy to follow.

"I know what I'm about. I'm not losing my mind. I daresay you would like to think so," said Miss Bordereau with a cynical little sigh.

"I don't suppose you came out here yourself. Miss Tita must have had to lend you a hand," I interposed with a pacifying intention.

"Oh, she insisted that we should push her; and when she insists!" said Miss Tita in the same tone of apprehension; as if there were no knowing what service that she disapproved of her aunt might force her next to render.

— La voici, elle pourra vous le dire elle-même », dis-je ; miss Tina paraissait sur le seuil du salon. « Avez-vous de la confiance, miss Tina ? Votre tante désire vivement le savoir.

— Pas en elle, pas en elle, déclara la jeune personne, secouant la tête d'un air dolent qui n'était ni plaisanterie ni affectation. Je ne sais que faire d'elle ; elle a des accès d'imprudence horribles. Tout la fatigue, et cependant la voilà qui se met à errer, à se traîner à travers la maison. »

Et elle regardait son compagnon de chaîne de toujours d'un air à la fois absent et étonné, comme si leur vie commune et la longue habitude ne rendaient pas ses fantaisies perverses plus faciles à comprendre.

« Je sais ce que je fais ; je ne perds pas la tête. Je suppose que vous le préféreriez, dit miss Bordereau avec une crudité cynique.

— Je ne pense pas que vous soyez venue ici toute seule. Il a fallu que miss Tina y prête la main, interposai-je, conciliant.

— Oh ! elle a insisté pour que nous poussions ici son fauteuil, et, quand elle insiste… » dit miss Tina de ce même ton plein d'appréhension, comme s'il était possible qu'un de ces jours sa tante l'obligeât de lui rendre quelque autre service qu'elle désapprouverait hautement.

"I have always got most things done I wanted, thank God! The people I have lived with have humored me," the old woman continued, speaking out of the gray ashes of her vanity.

"I suppose you mean that they have obeyed you."

"Well, whatever it is, when they like you."

"It's just because I like you that I want to resist," said Miss Tita with a nervous laugh.

"Oh, I suspect you'll bring Miss Bordereau upstairs next to pay me a visit," I went on; to which the old lady replied:

"Oh, no; I can keep an eye on you from here!"

"You are very tired; you will certainly be ill tonight!" cried Miss Tita.

"Nonsense, my dear; I feel better at this moment than I have done for a month. Tomorrow I shall come out again. I want to be where I can see this clever gentleman."

"Shouldn't you perhaps see me better in your sitting room?" I inquired.

"Don't you mean shouldn't you have a better chance at me?" she returned, fixing me a moment with her green shade.

« Dieu merci ! la plupart des choses que j'ai voulu faire l'ont été ! Les gens avec lesquels j'ai vécu m'ont toujours cédé », continua la vieille femme, se plongeant dans les cendres grises de son insatiable vanité.

Je pris la chose gaiement :

« Vous voulez dire que tout le monde vous obéissait.

— Eh bien ! si vous voulez ; quand on vous aime !

— C'est justement parce que je vous aime que je veux vous résister, dit miss Tina en riant nerveusement.

— Oh ! je m'attends à ce que vous ameniez un de ces jours miss Bordereau là-haut me rendre visite », continuai-je ; à quoi la vieille dame répliqua :

« Oh ! non, je puis avoir l'œil sur vous d'ici !

— Vous êtes très fatiguée, vous serez certainement malade demain ! s'écria miss Tina.

— Sottises ! ma chère : je me sens en ce moment mieux que je ne l'ai été depuis un mois. Je reviendrai demain. Je veux être là, où je puis voir ce monsieur si cultivé.

— Ne me verriez-vous pas mieux dans votre salon ? demandai-je.

— N'auriez-vous pas là une meilleure occasion de me voir vous-même, voulez-vous dire ? riposta-t-elle me fixant un instant de sa visière verte.

"Ah, I haven't that anywhere! I look at you but I don't see you."

"You excite her dreadfully—and that is not good," said Miss Tita, giving me a reproachful, appealing look.

"I want to watch you—I want to watch you!" the old lady went on.

"Well then, let us spend as much of our time together as possible—I don't care where—and that will give you every facility."

"Oh, I've seen you enough for today. I'm satisfied. Now I'll go home."

Miss Tita laid her hands on the back of her aunt's chair and began to push, but I begged her to let me take her place.

"Oh, yes, you may move me this way—you shan't in any other!" Miss Bordereau exclaimed as she felt herself propelled firmly and easily over the smooth, hard floor.

Before we reached the door of her own apartment she commanded me to stop, and she took a long, last look up and down the noble sala.

"Oh, it's a magnificent house!" she murmured; after which I pushed her forward.

— Ah ! cette occasion-là, je ne l'ai eue nulle part ! Je vous regarde, mais je ne vous vois pas.

— Vous l'agitez terriblement, et ce n'est pas bon pour elle, dit miss Tina avec un mouvement de tête plein de reproche à mon adresse.

— Je veux vous surveiller ! Je veux vous surveiller ! continuait miss Bordereau.

— Eh bien ! alors, passons le plus de temps possible ensemble ; où vous voudrez, cela m'est égal. Cela vous donnera toute facilité.

— Oh ! pour aujourd'hui, je vous ai assez vu. Je suis satisfaite. Rentrons maintenant », dit Juliana.

Miss Tina posa les mains sur le dossier du fauteuil roulant et se mit à le pousser, mais je la suppliai de me laisser prendre sa place.

« Oui, oui, vous pouvez me mener de ce côté ; d'un autre, jamais ! » s'écria la vieille femme tandis qu'elle se sentait rouler tout droit et très doucement sur le sol uni et dur comme du marbre.

Avant d'atteindre la porte de son appartement, elle me pria d'arrêter et elle jeta un dernier et long regard du haut en bas de la noble salle.

« Oh ! c'est une maison prodigieuse ! » murmura-t-elle. Après quoi, je la poussai plus loin.

When we had entered the parlor Miss Tita told me that she should now be able to manage, and at the same moment the little red-haired donna came to meet her mistress.

Miss Tita's idea was evidently to get her aunt immediately back to bed. I confess that in spite of this urgency I was guilty of the indiscretion of lingering; it held me there to think that I was nearer the documents I coveted—that they were probably put away somewhere in the faded, unsociable room. The place had indeed a bareness which did not suggest hidden treasures; there were no dusky nooks nor curtained corners, no massive cabinets nor chests with iron bands. Moreover it was possible, it was perhaps even probable that the old lady had consigned her relics to her bedroom, to some battered box that was shoved under the bed, to the drawer of some lame dressing table, where they would be in the range of vision by the dim night lamp.

Nonetheless I scrutinized every article of furniture, every conceivable cover for a hoard, and noticed that there were half a dozen things with drawers, and in particular a tall old secretary, with brass ornaments of the style of the Empire—a receptacle somewhat rickety but still capable of keeping a great many secrets. I don't know why this article fascinated me so, inasmuch as I certainly had no definite purpose of breaking into it;

Lorsque nous fûmes dans le salon, miss Tina me fit entendre qu'elle pouvait maintenant se charger de sa tante, et, au même instant, la petite servante accourut au-devant de sa maîtresse.

L'idée de miss Tina était évidemment de mettre sa tante au lit tout de suite. Je dois confesser qu'en dépit de cette urgence je me rendis coupable d'indiscrétion en m'attardant dans cette pièce ; j'y étais retenu par la sensation d'être tout près des objets que je convoitais ; ils étaient sans doute rangés quelque part dans cette chambre fanée et inhospitalière. Elle était cependant d'une nudité qui excluait l'idée de trésors cachés. Il n'y avait ni coins noyés d'ombre, ni angles enveloppés de rideaux, ni cabinets massifs, ni coffres bardés de fer. D'ailleurs, il était possible, il était même probable, que la vieille dame consignait ses reliques dans sa chambre à coucher, dans quelque boîte éraillée poussée sous son lit, dans le tiroir de quelque toilette boiteuse, où la lumière diffuse de sa veilleuse lui permettait encore de les apercevoir la nuit.

Néanmoins, mes yeux se posaient sur chaque meuble, sur tout ce qui pouvait abriter un secret, et remarquèrent qu'il y avait une demi-douzaine de choses à tiroirs, et, en particulier, un vieux secrétaire très haut, de style Empire, avec des ornements de cuivre : réceptacle légèrement infirme, mais encore capable de garder de précieux secrets. Je ne sais pourquoi cet objet m'attirait à ce point, car j'étais loin de songer à pénétrer dans son intérieur ;

but I stared at it so hard that Miss Tita noticed me and changed color. Her doing this made me think I was right and that wherever they might have been before the Aspern papers at that moment languished behind the peevish little lock of the secretary. It was hard to remove my eyes from the dull mahogany front when I reflected that a simple panel divided me from the goal of my hopes; but I remembered my prudence and with an effort took leave of Miss Bordereau. To make the effort graceful I said to her that I should certainly bring her an opinion about the little picture.

"The little picture?" Miss Tita asked, surprised.

"What do YOU know about it, my dear?" the old woman demanded. "You needn't mind. I have fixed my price."

"And what may that be?"

"A thousand pounds."

"Oh Lord!" cried poor Miss Tita irrepressibly.

"Is that what she talks to you about?" said Miss Bordereau.

"Imagine your aunt's wanting to know!"

I had to separate from Miss Tita with only those words, though I should have liked immensely to add, "For heaven's sake meet me tonight in the garden!"

mais je le fixais tellement que miss Tina le remarqua et changea de couleur. Cela me fit penser que je touchais juste et que les papiers d'Aspern languissaient derrière cette mauvaise petite serrure à cette heure — quelle qu'ait pu être leur cachette, à un autre moment. Il était bien dur de m'arracher à la contemplation de ce sombre acajou quand je réfléchissais qu'un simple panneau me séparait, seul, du port tant désiré ; mais je rassemblai les débris épars de ma prudence et, avec un effort, je pris congé de mon hôtesse. Pour donner plus de grâce à cet effort, je lui dis que je lui apporterais certainement un avis concernant le petit portrait.

« Le petit portrait ? demanda miss Tina, surprise.

— Que savez-*vous* de cela, ma chère ? demanda la vieille femme. Tenez-vous tranquille. Mon prix est fait.

— Et quel peut-il bien être ?

— Vingt-cinq mille francs.

— Seigneur ! s'écria miss Tina, malgré elle.

— Est-ce de cela qu'elle vous parle ? dit miss Bordereau.

— Pourrait-on imaginer que notre conversation intéresse votre tante ? »

Ce furent les mots sur lesquels je fus obligé de quitter ma plus jeune amie, bien que j'eusse l'immense désir d'ajouter : « Au nom du ciel, venez me rejoindre ce soir au jardin ! »

8

*A*s it turned out the precaution had not been needed, for three hours later, just as I had finished my dinner, Miss Bordereau's niece appeared, unannounced, in the open doorway of the room in which my simple repasts were served. I remember well that I felt no surprise at seeing her; which is not a proof that I did not believe in her timidity. It was immense, but in a case in which there was a particular reason for boldness it never would have prevented her from running up to my rooms. I saw that she was now quite full of a particular reason; it threw her forward—made her seize me, as I rose to meet her, by the arm.

"My aunt is very ill; I think she is dying!"

"Never in the world," I answered bitterly. "Don't you be afraid!"

"Do go for a doctor—do, do! Olimpia is gone for the one we always have, but she doesn't come back;

8

Les choses tournèrent de telle façon que cette précaution aurait été inutile à prendre, car, trois heures plus tard, juste comme je finissais de dîner, miss Tina apparut, sans être annoncée, à la porte ouverte de la pièce où mes simples repas m'étaient servis. Je me rappelle bien que je n'éprouvai aucune surprise en la voyant. Notez que ceci ne prouve nullement que je ne croyais pas à sa timidité : elle était immense, je le savais, mais, dans un cas où il y avait à montrer de l'audace, elle ne l'empêcherait jamais de courir chez moi. Je vis qu'elle était actuellement poussée par une raison toute particulière, qui la précipita vers moi, en me saisissant le bras, comme je me levais pour la recevoir.

« Ma tante est très mal ; je crois qu'elle se meurt !

— Jamais de la vie ! répondis-je, amèrement. Ne vous frappez pas !

— Allez chercher un médecin ! Allez, je vous en prie ! Olimpia est à la recherche du nôtre, mais elle ne revient pas :

I don't know what has happened to her. I told her that if he was not at home she was to follow him where he had gone; but apparently she is following him all over Venice. I don't know what to do—she looks so as if she were sinking."

"May I see her, may I judge?" I asked. "Of course I shall be delighted to bring someone; but hadn't we better send my man instead, so that I may stay with you?"

Miss Tita assented to this and I dispatched my servant for the best doctor in the neighborhood. I hurried downstairs with her, and on the way she told me that an hour after I quitted them in the afternoon Miss Bordereau had had an attack of "oppression," a terrible difficulty in breathing. This had subsided but had left her so exhausted that she did not come up: she seemed all gone. I repeated that she was not gone, that she would not go yet; whereupon Miss Tita gave me a sharper sidelong glance than she had ever directed at me and said, "Really, what do you mean? I suppose you don't accuse her of making believe!"

I forget what reply I made to this, but I grant that in my heart I thought the old woman capable of any weird maneuver. Miss Tita wanted to know what I had done to her; her aunt had told her that I had made her so angry.

je ne sais ce qui a pu lui arriver. Je lui ai dit que, si elle ne le trouvait pas chez lui, elle devrait aller là où on lui dirait qu'il serait, et apparemment elle le poursuit à travers Venise. Je ne sais que faire. Elle a l'air de quelqu'un qui s'éteint.

— Me permettez-vous de la voir, d'essayer de me rendre compte ? demandai-je. Je serais, bien entendu, très heureux de pouvoir vous ramener quelqu'un. Mais ne vaudrait-il pas mieux envoyer mon domestique, et que je reste avec vous ? »

Miss Tina fut de cet avis, et je dépêchai mon homme chez le meilleur médecin du quartier. Je me hâtai de descendre avec elle, et, chemin faisant, elle me raconta qu'une heure après mon départ, dans l'après-midi, miss Bordereau avait eu une crise d'oppression, éprouvant une difficulté terrible à respirer. Ce symptôme avait disparu, mais l'avait laissée si épuisée qu'elle ne revenait pas à elle ; elle semblait usée et prête à passer. Je répétai qu'elle n'était pas passée, qu'elle ne passerait pas de sitôt ; sur quoi miss Tina me jeta un regard de côté plus sévère qu'aucun de ceux que j'avais eu jusqu'ici l'honneur de recevoir d'elle et me dit :

« Vraiment, que voulez-vous faire entendre ! Je ne suppose pas que vous l'accusiez de simulation ! »

J'oublie quelle fut ma réponse, mais je crains qu'au fond du cœur je ne crusse la vieille femme capable des plus sinistres manœuvres. Miss Tina voulait savoir ce que je lui avais fait ; sa tante lui avait dit que je l'avais tant fâchée.

I declared I had done nothing—I had been exceedingly careful; to which my companion rejoined that Miss Bordereau had assured her she had had a scene with me—a scene that had upset her. I answered with some resentment that it was a scene of her own making—that I couldn't think what she was angry with me for unless for not seeing my way to give a thousand pounds for the portrait of Jeffrey Aspern.

"And did she show you that? Oh, gracious—oh, deary me!" groaned Miss Tita, who appeared to feel that the situation was passing out of her control and that the elements of her fate were thickening around her.

I said that I would give anything to possess it, yet that I had not a thousand pounds; but I stopped when we came to the door of Miss Bordereau's room. I had an immense curiosity to pass it, but I thought it my duty to represent to Miss Tita that if I made the invalid angry she ought perhaps to be spared the sight of me.

"The sight of you? Do you think she can SEE?" my companion demanded almost with indignation.

I did think so but forebore to say it, and I softly followed my conductress. I remember that what I said to her as I stood for a moment beside the old woman's bed was, "Does she never show you her eyes then? Have you never seen them?"

Je déclarai que je n'avais rien fait du tout ; j'avais été extrêmement prudent ; à quoi mon amie répliqua que sa compagne lui avait assuré qu'il y avait eu une scène entre nous, une scène qui l'avait bouleversée. Je répondis avec un certain ressentiment que c'était elle qui m'avait fait une scène, que je ne savais à quoi attribuer sa colère, sinon à mon incapacité de payer vingt-cinq mille francs le portrait de Jeffrey Aspern.

« Et elle vous l'a montré ? » gémit sourdement miss Tina, qui sentait que la situation la débordait et que les éléments de sa destinée venaient s'amonceler peu à peu autour d'elle sans résistance possible de sa part.

Je lui avais répondu que je donnerais tout au monde pour le posséder, mais je n'avais pas les vingt-cinq mille francs ; puis je m'arrêtai, nous étions à la porte de miss Bordereau. La plus intense curiosité me poignait, mais je crus de mon devoir de représenter à miss Tina que, si ma vue irritait la malade, il vaudrait mieux la lui épargner.

« Votre vue ? Pensez-vous qu'elle puisse voir encore ? » demanda ma compagne, presque indignée.

Oui, je le pensais, mais je me gardai de le dire et je suivis tout doucement mon guide. Je me rappelle que je lui dis, un moment après, debout devant le lit de la vieille femme :

« Ne vous montre-t-elle donc jamais ses yeux non plus ? Ne les avez-vous jamais vus ? »

Miss Bordereau had been divested of her green shade, but (it was not my fortune to behold Juliana in her nightcap) the upper half of her face was covered by the fall of a piece of dingy lacelike muslin, a sort of extemporized hood which, wound round her head, descended to the end of her nose, leaving nothing visible but her white withered cheeks and puckered mouth, closed tightly and, as it were consciously. Miss Tita gave me a glance of surprise, evidently not seeing a reason for my impatience.

"You mean that she always wears something? She does it to preserve them."

"Because they are so fine?"

"Oh, today, today!" And Miss Tita shook her head, speaking very low. "But they used to be magnificent!"

"Yes indeed, we have Aspern's word for that."

And as I looked again at the old woman's wrappings I could imagine that she had not wished to allow people a reason to say that the great poet had overdone it. But I did not waste my time in considering Miss Bordereau, in whom the appearance of respiration was so slight as to suggest that no human attention could ever help her more. I turned my eyes all over the room, rummaging with them the closets, the chests of drawers, the tables.

Miss Bordereau avait été dépouillée de la visière verte, mais — je ne devais pas avoir l'heureuse fortune de contempler Juliana en bonnet de nuit — la partie supérieure de son visage était couverte par une espèce de mousseline ou de dentelle malpropre, une sorte de capuchon informe qui tournait autour de sa tête et descendait jusqu'au bout de son nez, ne laissant de visible que ses joues ridées et ses lèvres crevassées, étroitement serrées, comme par une expresse volonté. Miss Tina me jeta un coup d'œil étonné, ne voyant évidemment aucune raison à mon impatience.

« Vous voulez dire qu'elle porte toujours quelque chose ? Elle le fait pour les préserver.

— À cause de leur beauté ?

— Oh ! aujourd'hui !... — et miss Tina parlait à voix basse en secouant la tête —, mais ils ont été splendides.

— Aspern nous l'a dit lui-même !

— C'est vrai ! »

Et, regardant de nouveau les chiffons dont s'enveloppait la vieille femme, je m'imaginai qu'elle ne voulait pas laisser supposer une exagération du grand poète. Mais je ne perdis pas mon temps à considérer Juliana, dont la respiration était si faible qu'elle faisait douter de la possibilité de la sauver. Une fois de plus, mes yeux parcouraient la chambre, fouillant les cabinets, les commodes, les tables.

Miss Tita met them quickly and read, I think, what was in them; but she did not answer it, turning away restlessly, anxiously, so that I felt rebuked, with reason, for a preoccupation that was almost profane in the presence of our dying companion. All the same I took another look, endeavoring to pick out mentally the place to try first, for a person who should wish to put his hand on Miss Bordereau's papers directly after her death. The room was a dire confusion; it looked like the room of an old actress. There were clothes hanging over chairs, odd-looking shabby bundles here and there, and various pasteboard boxes piled together, battered, bulging, and discolored, which might have been fifty years old.

Miss Tita after a moment noticed the direction of my eyes again and, as if she guessed how I judged the air of the place (forgetting I had no business to judge it at all), said, perhaps to defend herself from the imputation of complicity in such untidiness:

"She likes it this way; we can't move things. There are old bandboxes she has had most of her life." Then she added, half taking pity on my real thought, "Those things were THERE." And she pointed to a small, low trunk which stood under a sofa where there was just room for it. It appeared to be a queer, superannuated coffer, of painted wood,

Miss Tina nota immédiatement leur direction, et lut aussi, je crois, ce qui s'y dissimulait : mais elle n'y répondit pas, et se détourna, anxieuse et agitée ; je sentis qu'elle me reprochait, bien justement, mon avidité, qui frisait l'indécence, en présence de notre compagne mourante. Tout de même, j'envisageais la situation sous un autre angle, m'efforçant de discerner quel meuble devait être interrogé le premier, si quelqu'un voulait porter la main sur les papiers de miss Bordereau immédiatement après sa mort. La pièce était dans un désordre indescriptible ; elle rappelait une loge de vieille actrice. Des vêtements traînaient sur les chaises ; puis çà et là, des paquets informes, des collections de boîtes en carton empilées les unes sur les autres, écornées, gonflées et décolorées, qui pouvaient bien dater de cinquante ans.

Un moment après, Miss Tina remarqua de nouveau quelle direction prenaient mes yeux, et comme si elle devinait quel jugement je portais sur ce spectacle — oubliant que je n'avais pas à en porter un —, elle dit, peut-être pour se disculper de complicité dans ce désordre :

« Elle aime que les choses soient ainsi ; nous ne pouvons toucher à rien. Il y a là des cartons qu'elle a possédés presque toute sa vie. » Puis elle ajouta, mue par une certaine pitié de la pensée qui me dévorait : « Les choses étaient *là* » — et elle montrait du doigt une caisse petite et basse, sous un sofa juste assez grand pour la recouvrir. Cela me parut être une de ces malles étranges d'autrefois, en bois peint,

with elaborate handles and shriveled straps and with the color (it had last been endued with a coat of light green) much rubbed off. It evidently had traveled with Juliana in the olden time—in the days of her adventures, which it had shared. It would have made a strange figure arriving at a modern hotel.

"WERE there—they aren't now?" I asked, startled by Miss Tita's implication.

She was going to answer, but at that moment the doctor came in—the doctor whom the little maid had been sent to fetch and whom she had at last overtaken. My servant, going on his own errand, had met her with her companion in tow, and in the sociable Venetian spirit, retracing his steps with them, had also come up to the threshold of Miss Bordereau's room, where I saw him peeping over the doctor's shoulder. I motioned him away the more instantly that the sight of his prying face reminded me that I myself had almost as little to do there—an admonition confirmed by the sharp way the little doctor looked at me, appearing to take me for a rival who had the field before him.

He was a short, fat, brisk gentleman who wore the tall hat of his profession and seemed to look at everything but his patient. He looked particularly at me, as if it struck him that I should be better for a dose,

aux poignées compliquées et aux courroies racornies et dont la couleur — en dernier lieu elle avait été revêtue d'une couche de vert pâle — avait presque entièrement disparu. La malle avait évidemment voyagé avec Juliana au temps passé, au temps de ses aventures, qu'elle avait partagées. Elle aurait fait un singulier effet en arrivant dans un hôtel moderne.

« *Étaient* ? Elles n'y sont plus ? » demandai-je, saisi par le sous-entendu de miss Tina.

Elle allait me répondre, mais à ce moment le docteur entra, le docteur que la petite bonne avait été chercher et qu'elle avait enfin rejoint. Mon domestique, parti pour exécuter mon ordre, l'avait rencontrée ramenant son compagnon ; animé de cet esprit vénitien si éminemment sociable, il était revenu sur ses pas avec eux et était monté aussi jusqu'au seuil de la chambre de la *padrona*, où je le découvris tout à coup, louchant par-dessus l'épaule du docteur. Je lui fis signe de s'en aller, d'autant plus vivement que la vue de sa face fureteuse me rappela combien j'étais moi-même peu à ma place en ce lieu, impression confirmée par le coup d'œil sec que me jeta le petit docteur, qui me prit pour un rival arrivé avant lui sur le champ de bataille.

C'était un petit monsieur, gras et alerte, coiffé du haut-de-forme professionnel, qui semblait tout regarder, excepté sa malade. Il continua à me tenir en observation, comme si j'avais également besoin d'une potion ;

so that I bowed to him and left him with the women, going down to smoke a cigar in the garden. I was nervous; I could not go further; I could not leave the place. I don't know exactly what I thought might happen, but it seemed to me important to be there. I wandered about in the alleys—the warm night had come on—smoking cigar after cigar and looking at the light in Miss Bordereau's windows. They were open now, I could see; the situation was different. Sometimes the light moved, but not quickly; it did not suggest the hurry of a crisis.

Was the old woman dying, or was she already dead? Had the doctor said that there was nothing to be done at her tremendous age but to let her quietly pass away; or had he simply announced with a look a little more conventional that the end of the end had come? Were the other two women moving about to perform the offices that follow in such a case? It made me uneasy not to be nearer, as if I thought the doctor himself might carry away the papers with him. I bit my cigar hard as it came over me again that perhaps there were now no papers to carry!

I wandered about for an hour—for an hour and a half. I looked out for Miss Tita at one of the windows, having a vague idea that she might come there to give me some sign.

aussi je le saluai rapidement et le laissai avec les femmes, et je descendis au jardin fumer un cigare. J'étais nerveux ; je ne pus aller plus loin : il m'était impossible de quitter la place. Je ne savais pas exactement à quoi je m'attendais, mais je sentais qu'il était important que je fusse là. J'errai dans les allées — la chaude nuit d'été était venue —, fumant cigare sur cigare et surveillant la lumière des fenêtres de miss Bordereau. Je voyais qu'elles étaient ouvertes, maintenant : la situation s'était modifiée ; quelquefois la lumière changeait de place, mais sans rapidité ; cela ne suggérait pas l'agitation d'une crise.

La vieille femme était-elle mourante ou déjà morte ? Le docteur avait-il dit qu'il n'y avait plus rien à faire, à son âge formidable, que de la laisser passer doucement ? Ou avait-il simplement annoncé, avec une expression plus conventionnelle, que la fin des fins était arrivée ? Les deux femmes ne faisaient-elles qu'aller et venir dans l'exécution des soins qui accompagnent une telle circonstance ? J'éprouvais du malaise à n'être pas plus près, comme si je pensais que le docteur lui-même était capable d'emporter les papiers. Je mordis violemment mon cigare quand la pensée m'assaillit de nouveau que peut-être il n'y avait point de papiers à emporter.

J'errai ainsi environ une heure. Je regardais attentivement une des fenêtres dans l'espoir d'y voir miss Tina, avec la vague idée qu'elle pourrait y venir me faire quelque signe.

Would she not see the red tip of my cigar moving about in the dark and feel that I wanted eminently to know what the doctor had said? I am afraid it is a proof my anxieties had made me gross that I should have taken in some degree for granted that at such an hour, in the midst of the greatest change that could take place in her life, they were uppermost also in Miss Tita's mind.

My servant came down and spoke to me; he knew nothing save that the doctor had gone after a visit of half an hour. If he had stayed half an hour then Miss Bordereau was still alive: it could not have taken so much time as that to enunciate the contrary. I sent the man out of the house; there were moments when the sense of his curiosity annoyed me, and this was one of them. HE had been watching my cigar tip from an upper window, if Miss Tita had not; he could not know what I was after and I could not tell him, though I was conscious he had fantastic private theories about me which he thought fine and which I, had I known them, should have thought offensive.

I went upstairs at last but I ascended no higher than the sala. The door of Miss Bordereau's apartment was open, showing from the parlor the dimness of a poor candle. I went toward it with a light tread, and at the same moment Miss Tita appeared and stood looking at me as I approached.

N'apercevait-elle pas le bout rougeoyant de mon cigare dans la nuit, et ne sentait-elle pas que je piétinais dans l'obscurité, anxieux de ce que le docteur avait pu dire ? Je crains de donner la preuve de l'indélicatesse de mes préoccupations en avouant ma conviction intime que la pauvre miss Tina, au moment même où s'effectuait le plus grand changement de sa vie, pouvait leur accorder une certaine part de sa pensée.

Mon domestique descendit au jardin me parler ; il ne savait rien, sauf que le docteur était parti après une visite d'une demi-heure. S'il était resté une demi-heure, c'est que miss Bordereau vivait encore : il n'aurait pas fallu si longtemps pour constater son décès. J'envoyai mon homme au-dehors ; il y avait des moments où sa curiosité m'ennuyait, et celui-ci en était un. Lui, du moins, avait observé le bout rougeoyant de mon cigare des fenêtres de notre étage, si miss Tina ne l'avait pas fait ; il ne pouvait savoir ce qui me menait, et je ne pouvais le lui dire, bien que je le soupçonnasse de construire à mon sujet quelques théories fantastiques qu'il jugeait très fines, et que j'aurais, moi, jugées offensantes, si je les eusse mieux connues.

À la fin, je me décidai à monter, mais je n'allai pas plus loin que la sala. La porte de l'appartement de miss Bordereau était ouverte, et l'on apercevait la faible lueur d'une bougie brûlant dans le salon. Je m'y dirigeais d'un pas léger, quand, au même moment, apparut miss Tina, qui me regarda m'approcher.

"She's better—she's better," she said, even before I had asked. "The doctor has given her something; she woke up, came back to life while he was there. He says there is no immediate danger."

"No immediate danger? Surely he thinks her condition strange!"

"Yes, because she had been excited. That affects her dreadfully."

"It will do so again then, because she excites herself. She did so this afternoon."

"Yes; she mustn't come out any more," said Miss Tita, with one of her lapses into a deeper placidity.

"What is the use of making such a remark as that if you begin to rattle her about again the first time she bids you?"

"I won't—I won't do it any more."

"You must learn to resist her," I went on.

"Oh, yes, I shall; I shall do so better if you tell me it's right."

"You mustn't do it for me; you must do it for yourself. It all comes back to you, if you are frightened."

"Well, I am not frightened now," said Miss Tita cheerfully. "She is very quiet."

« Elle est mieux, elle est mieux, dit-elle avant même que je l'eusse interrogée. Le docteur lui a donné quelque chose ; elle s'est réveillée, elle est revenue à la vie pendant qu'il était là. Il dit qu'il n'y a pas de danger immédiat.

— Pas de danger immédiat ? Sûrement, il trouve son état grave !

— Oui, parce qu'elle a été excitée ; c'est une chose qui l'affecte terriblement.

— Cela recommencera donc, parce qu'elle s'excite elle-même. C'est ce qu'elle a fait cet après-midi.

— Oui, il ne faudra plus qu'elle quitte sa chambre, dit miss Tina, retombant dans un accès de complet détachement.

— À quoi sert une réflexion de ce genre, osai-je demander, si vous vous mettez à la trimbaler de nouveau partout la première fois qu'elle vous l'ordonnera ?

— Je ne le ferai pas. Je ne le ferai plus jamais.

— Il faudra que vous appreniez à lui résister, continuai-je.

— Oui, j'apprendrai ; et je l'apprendrai mieux si vous me dites qu'il le faut.

— Il ne faut pas faire cela pour moi ; il faut le faire pour vous-même ; le dommage est pour vous, quand vous vous sentez effrayée et bouleversée.

— Oh bien ! je ne suis pas bouleversée maintenant, dit miss Tina avec placidité. Elle est très tranquille.

"Is she conscious again — does she speak?"

"No, she doesn't speak, but she takes my hand. She holds it fast."

"Yes," I rejoined, "I can see what force she still has by the way she grabbed that picture this afternoon. But if she holds you fast how comes it that you are here?"

Miss Tita hesitated a moment; though her face was in deep shadow (she had her back to the light in the parlor and I had put down my own candle far off, near the door of the sala), I thought I saw her smile ingenuously. "I came on purpose — I heard your step."

"Why, I came on tiptoe, as inaudibly as possible."

"Well, I heard you," said Miss Tita.

"And is your aunt alone now?"

"Oh, no; Olimpia is sitting there."

On my side I hesitated.

"Shall we then step in there?"

And I nodded at the parlor; I wanted more and more to be on the spot.

"We can't talk there — she will hear us."

— Est-elle consciente ? Parle-t-elle ?

— Non, elle ne parle pas, mais elle me prend la main, elle la tient serrée.

— Oui, répliquai-je, je peux me rendre compte de la force qu'elle possède encore par la façon dont elle m'a arraché le portrait cet après-midi. Mais si elle vous tient si fort, comment vous trouvez-vous ici ? »

Miss Tina se tut ; bien que son visage fût dans une ombre profonde — elle tournait le dos à la lumière du salon, et j'avais posé ma propre bougie fort loin, à la porte de la sala —, il me sembla la voir sourire ingénument.

« Je suis venue exprès, j'avais entendu votre pas.

— Mais je suis venu sur la pointe des pieds, aussi silencieusement que possible.

— Eh bien ! je vous ai entendu, dit miss Tina.

— Et votre tante, est-elle seule actuellement ?

— Oh ! non. Olimpia est là. »

J'hésitai à parler ; puis je lui indiquai le salon.

« Alors, pouvons-nous aller là ? »

Le désir d'être sur les lieux m'envahissait de plus en plus.

« Nous ne pourrions pas y causer ; elle entendrait. »

I was on the point of replying that in that case we would sit silent, but I was too conscious that this would not do, as there was something I desired immensely to ask her. So I proposed that we should walk a little in the sala, keeping more at the other end, where we should not disturb the old lady.

Miss Tita assented unconditionally; the doctor was coming again, she said, and she would be there to meet him at the door. We strolled through the fine superfluous hall, where on the marble floor—particularly as at first we said nothing—our footsteps were more audible than I had expected. When we reached the other end—the wide window, inveterately closed, connecting with the balcony that overhung the canal—I suggested that we should remain there, as she would see the doctor arrive still better. I opened the window and we passed out on the balcony.

The air of the canal seemed even heavier, hotter than that of the sala. The place was hushed and void; the quiet neighborhood had gone to sleep. A lamp, here and there, over the narrow black water, glimmered in double; the voice of a man going homeward singing, with his jacket on his shoulder and his hat on his ear, came to us from a distance. This did not prevent the scene from being very comme il faut, as Miss Bordereau had called it the first time I saw her.

Je fus sur le point de répondre que, dans ce cas, nous pourrions y rester en gardant le silence, mais je sentais trop que cela ne ferait pas mon affaire, tant était vif mon désir de lui poser une question. Je lui proposai donc de marcher un peu dans la sala, en nous tenant à l'extrémité la plus éloignée, où nous ne risquerions pas de troubler notre amie.

Miss Tina accepta aussitôt sans réflexion ; le docteur allait revenir, dit-elle, et elle serait là pour le recevoir. Nous commençâmes à aller et venir à travers la belle et noble salle, où nos pas résonnaient sur le marbre plus que je ne m'y étais attendu, surtout pendant les premiers instants, quand nous ne disions rien. Lorsque nous eûmes atteint l'autre bout, là où la grande fenêtre éternellement close ouvrait sur le balcon au-dessus du canal, j'admis qu'il valait mieux demeurer là, d'où elle verrait plus tôt arriver le docteur. J'ouvris la fenêtre et nous passâmes sur le balcon.

L'air du canal paraissait plus lourd, plus chaud encore que celui de la sala. Tout était vide et silencieux ; le paisible voisinage était endormi ; ici et là, une lampe, se reflétant dans la voie d'eau étroite et noire, produisait un double scintillement ; nous entendions au loin la voix d'un homme qui s'en retournait chez lui en chantant, sa veste sur l'épaule et son chapeau sur l'oreille ; cela n'empêchait pas la scène d'être très comme il faut, ainsi que s'était exprimée miss Bordereau, la première fois que je l'avais vue.

Presently a gondola passed along the canal with its slow rhythmical plash, and as we listened we watched it in silence. It did not stop, it did not carry the doctor; and after it had gone on I said to Miss Tita:

"And where are they now—the things that were in the trunk?"

"In the trunk?"

"That green box you pointed out to me in her room. You said her papers had been there; you seemed to imply that she had transferred them."

"Oh, yes; they are not in the trunk," said Miss Tita.

"May I ask if you have looked?"

"Yes, I have looked—for you."

"How for me, dear Miss Tita? Do you mean you would have given them to me if you had found them?" I asked, almost trembling.

She delayed to reply and I waited.

Suddenly she broke out, "I don't know what I would do—what I wouldn't!"

"Would you look again—somewhere else?"

She had spoken with a strange unexpected emotion, and she went on in the same tone:

Une gondole passa le long du canal, au bruit lentement rythmé de ses rames, et, tout en écoutant, nous la guettions en silence. Elle ne s'arrêta point, elle ne portait pas le docteur ; après qu'elle eut passé, je dis à miss Tina :

« Et… où sont-elles maintenant, les… choses qui étaient dans la malle ?

— Dans la malle ?

— Cette caisse verte que vous m'avez signalée dans sa chambre. Vous disiez que ses papiers y avaient demeuré ; vous aviez l'air de dire qu'elle les avait transférés ailleurs.

— Oh ! oui, ils ne sont pas dans la malle, dit miss Tina.

— Oserai-je vous demander si vous y avez regardé ?

— Oui, j'y ai regardé… pour vous.

— Pour moi, chère miss Tina ? Comment cela ? Voulez-vous dire que vous me les auriez donnés, si vous les aviez trouvés ? »

Je tremblais presque en lui posant cette question.

Elle tardait à me répondre, et j'attendis.

Subitement elle laissa échapper :

« Je ne sais ce que je ferais… ce que je ne ferais pas.

— Voudriez-vous chercher encore ? ailleurs ? »

Elle avait parlé avec une émotion étrange et inattendue, et elle continua de même :

"I can't — I can't — while she lies there. It isn't decent."

"No, it isn't decent," I replied gravely. "Let the poor lady rest in peace." And the words, on my lips, were not hypocritical, for I felt reprimanded and shamed.

Miss Tita added in a moment, as if she had guessed this and were sorry for me, but at the same time wished to explain that I did drive her on or at least did insist too much:

"I can't deceive her that way. I can't deceive her — perhaps on her deathbed."

"Heaven forbid I should ask you, though I have been guilty myself!"

"You have been guilty?"

"I have sailed under false colors." I felt now as if I must tell her that I had given her an invented name, on account of my fear that her aunt would have heard of me and would refuse to take me in. I explained this and also that I had really been a party to the letter written to them by John Cumnor months before.

She listened with great attention, looking at me with parted lips, and when I had made my confession she said, "Then your real name — what is it?"

« Je ne peux pas… je ne peux pas… tant qu'elle est là. Ce n'est pas convenable.

— Non, ce n'est pas convenable, répliquai-je gravement. Que la pauvre dame repose en paix ! »

Et ces mots, sur mes lèvres, n'étaient pas hypocrites, car je me sentais honteux et répréhensible. Miss Tina reprit bientôt (elle semblait deviner mes pensées et en souffrir pour moi, mais en même temps vouloir marquer que je la poussais, ou du moins que j'insistais trop sur le même sujet) :

« Je ne peux pas la tromper de cette façon ; je ne peux pas la tromper, peut-être à son lit de mort.

— Le ciel me préserve de vous le demander, bien que je sois coupable moi-même !

— Vous, coupable ?

— Je navigue sous pavillon de contrebande. »

Je sentis qu'il fallait maintenant marcher à fond, lui avouer que j'avais pris un faux nom, de peur que sa tante n'eût entendu parler de moi, et, à cause de cela, refusât de me recevoir. Je lui expliquai tout, et aussi que j'étais de moitié dans la lettre que leur avait adressée John Cumnor, quelques mois auparavant.

Elle écouta avec une profonde attention, la bouche quasi ouverte d'étonnement, et, quand ma confession fut achevée, elle dit : « Alors, votre vrai nom… quel est-il ? »

She repeated it over twice when I had told her, accompanying it with the exclamation "Gracious, gracious!"

Then she added, "I like your own best."

"So do I," I said, laughing. "Ouf! it's a relief to get rid of the other."

"So it was a regular plot—a kind of conspiracy?"

"Oh, a conspiracy—we were only two," I replied, leaving out Mrs. Prest of course.

She hesitated; I thought she was perhaps going to say that we had been very base. But she remarked after a moment, in a candid, wondering way, "How much you must want them!"

"Oh, I do, passionately!" I conceded, smiling.

And this chance made me go on, forgetting my compunction of a moment before.

"How can she possibly have changed their place herself? How can she walk? How can she arrive at that sort of muscular exertion? How can she lift and carry things?"

Lorsque je le lui dis, elle le répéta deux fois de suite, avec des exclamations : « Mon Dieu ! mon Dieu ! »

Puis elle ajouta :

« Je préfère le vôtre.

— Moi aussi. » Je sentais que mon rire sonnait faux. « Ouf ! C'est une délivrance d'être débarrassé de l'autre !

— Ainsi c'était un vrai complot ? une espèce de conspiration ?

— Oh ! une conspiration ! Nous n'étions que deux », répliquai-je, laissant, bien entendu, Mrs. Prest de côté.

Elle réfléchissait ; je crus qu'elle allait me déclarer que nous avions montré une véritable bassesse de caractère, mais telle n'était pas sa manière, et elle remarqua, après un moment, comme au sortir d'une impartiale et candide contemplation :

« Combien vous devez les désirer !

— Oui, passionnément ! » ricanai-je, je dois l'avouer.

Et, emporté par l'occasion, je poursuivis, oublieux de la componction de tout à l'heure :

« Comment est-il possible qu'elle les ait elle-même changés de place ? Comment a-t-elle pu marcher ? Comment a-t-elle pu faire un tel effort ? Comment a-t-elle pu soulever, porter quelque chose ?

"Oh, when one wants and when one has so much will!" said Miss Tita, as if she had thought over my question already herself and had simply had no choice but that answer — the idea that in the dead of night, or at some moment when the coast was clear, the old woman had been capable of a miraculous effort.

"Have you questioned Olimpia? Hasn't she helped her — hasn't she done it for her?" I asked; to which Miss Tita replied promptly and positively that their servant had had nothing to do with the matter, though without admitting definitely that she had spoken to her. It was as if she were a little shy, a little ashamed now of letting me see how much she had entered into my uneasiness and had me on her mind. Suddenly she said to me, without any immediate relevance:

"I feel as if you were a new person, now that you have got a new name."

"It isn't a new one; it is a very good old one, thank heaven!"

She looked at me a moment.

"I do like it better."

"Oh, if you didn't I would almost go on with the other!"

"Would you really?"

— Oh ! quand on désire quelque chose et qu'on a une telle volonté ! » dit miss Tina, comme si elle s'était déjà posé la question et ne savait qu'y répondre, sinon qu'en pleine nuit, ou à quelque autre moment de solitude, la vieille femme avait été, en effet, capable d'un effort miraculeux.

« Avez-vous interrogé Olimpia ? Ne l'a-t-elle pas aidée ? N'a-t-elle pas exécuté la chose à sa place ? » demandai-je. Ce à quoi mon amie répondit promptement et péremptoirement que leur servante n'avait rien à voir là-dedans, sans admettre toutefois qu'elle ne lui en eût jamais parlé. Il semblait qu'elle fût maintenant un peu intimidée, un peu honteuse de me laisser voir combien elle avait pris de part à mon souci et combien elle pensait à moi. Soudainement, elle me dit, sans chercher de rapport avec ce qui précédait :

« Vous savez, vous me semblez un homme nouveau, maintenant que vous avez un nouveau nom.

— Il n'est pas nouveau ; c'est un bon vieux nom, Dieu merci ! »

Elle me regarda.

« Eh bien, vraiment, je le préfère !

— Si vous ne le préfériez pas, j'aimerais autant continuer à porter l'autre.

— Vraiment ? Vous le porteriez ? »

I laughed again, but for all answer to this inquiry I said, "Of course if she can rummage about that way she can perfectly have burnt them."

"You must wait—you must wait," Miss Tita moralized mournfully; and her tone ministered little to my patience, for it seemed after all to accept that wretched possibility. I would teach myself to wait, I declared nevertheless; because in the first place I could not do otherwise and in the second I had her promise, given me the other night, that she would help me.

"Of course if the papers are gone that's no use," she said; not as if she wished to recede, but only to be conscientious.

"Naturally. But if you could only find out!" I groaned, quivering again.

"I thought you said you would wait."

"Oh, you mean wait even for that?"

"For what then?"

"Oh, nothing," I replied, rather foolishly, being ashamed to tell her what had been implied in my submission to delay—the idea that she would do more than merely find out.

Je me mis encore à rire, mais je ne fis que cette réponse :

« Naturellement, si elle peut fureter de cette façon, elle peut parfaitement les avoir brûlés.

— Il faut attendre… il faut attendre… » soupira doctement et tristement miss Tina, et son ton n'apporta que peu de soulagement à mon malaise, car il semblait, après tout, admettre l'horrible possibilité. Je déclarai néanmoins que j'apprendrais à attendre ; en premier lieu, parce qu'il n'y avait pas moyen de faire autrement et, en second lieu, parce qu'elle m'avait promis, l'autre nuit, de m'aider.

« Naturellement, si les papiers ont disparu, je ne pourrai vous servir à rien », dit-elle, non pas comme une personne qui veut se rétracter, mais seulement par excès de conscience.

« Naturellement, mais si vous pouviez au moins être fixée là-dessus ! murmurai-je plaintivement, repris par le frisson de la crainte.

— Je croyais que vous m'aviez promis d'attendre.

— Attendre même cela, voulez-vous dire ?

— Attendre quoi, si ce n'est cela ?

— Ah ! rien, rien du tout ! » répondis-je plutôt sottement, honteux d'avouer ce que j'avais sous-entendu, en lui promettant d'être patient : obtenir d'elle peut-être plus et mieux qu'une certitude sur l'existence ou la destruction des papiers.

I know not whether she guessed this; at all events she appeared to become aware of the necessity for being a little more rigid.

"I didn't promise to deceive, did I? I don't think I did."

"It doesn't much matter whether you did or not, for you couldn't!"

I don't think Miss Tita would have contested this event had she not been diverted by our seeing the doctor's gondola shoot into the little canal and approach the house. I noted that he came as fast as if he believed that Miss Bordereau was still in danger. We looked down at him while he disembarked and then went back into the sala to meet him. When he came up however I naturally left Miss Tita to go off with him alone, only asking her leave to come back later for news.

I went out of the house and took a long walk, as far as the Piazza, where my restlessness declined to quit me. I was unable to sit down (it was very late now but there were people still at the little tables in front of the cafes); I could only walk round and round, and I did so half a dozen times. I was uncomfortable, but it gave me a certain pleasure to have told Miss Tita who I really was. At last I took my way home again, slowly getting all but inextricably lost, as I did whenever I went out

Je ne sais si elle devina tout cela ; en tout cas, elle sembla trouver convenable de déployer plus de rigueur :

« Je ne vous ai pas promis de la tromper, n'est-ce pas ? Je ne crois pas avoir promis cela.

— Cela n'a guère d'importance que vous l'ayez promis ou non, car vous êtes incapable de tromper ! »

Vraisemblablement, elle n'eût pas contesté cette déclaration, même si une diversion n'eût été créée par l'apparition de la gondole du docteur, qui enfilait le canal comme une flèche et s'approchait de la maison. Je remarquai qu'il venait aussi rapidement que s'il croyait notre propriétaire toujours en danger. Nous le regardâmes débarquer, puis nous rentrâmes dans la sala pour le recevoir. Quand il arriva, cependant, je laissai miss Tina s'en aller avec lui, lui demandant seulement sa permission de venir aux nouvelles un peu plus tard.

Je sortis de la maison, et m'en allai loin, aussi loin que la Piazza, où mon agitation refusa de me quitter. J'étais incapable de m'asseoir ; il était très tard maintenant, bien qu'il y eût encore du monde aux petites tables devant le café. Je ne pouvais que malaisément faire le tour de la place ; je le fis cependant cinq ou six fois. Mon seul réconfort était d'avoir dit tout de même à miss Tina qui j'étais. À la fin, je me décidai à rentrer, je m'égarai graduellement et presque inextricablement, comme chaque fois que je sortais à pied

in Venice: so that it was considerably past midnight when I reached my door.

The sala, upstairs, was as dark as usual and my lamp as I crossed it found nothing satisfactory to show me. I was disappointed, for I had notified Miss Tita that I would come back for a report, and I thought she might have left a light there as a sign. The door of the ladies' apartment was closed; which seemed an intimation that my faltering friend had gone to bed, tired of waiting for me. I stood in the middle of the place, considering, hoping she would hear me and perhaps peep out, saying to myself too that she would never go to bed with her aunt in a state so critical; she would sit up and watch—she would be in a chair, in her dressing gown.

I went nearer the door; I stopped there and listened. I heard nothing at all and at last I tapped gently. No answer came and after another minute I turned the handle. There was no light in the room; this ought to have prevented me from going in, but it had no such effect. If I have candidly narrated the importunities, the indelicacies, of which my desire to possess myself of Jeffrey Aspern's papers had rendered me capable I need not shrink from confessing this last indiscretion. I think it was the worst thing I did; yet there were extenuating circumstances.

dans Venise, de sorte que minuit était bien passé quand je me trouvai devant ma porte.

Là-haut la sala était obscure, comme à l'habitude, et, pendant que je la traversais, ma lampe ne me montra rien de nature à me satisfaire. Je fus désappointé, car j'avais annoncé à miss Tina que je reviendrais prendre des nouvelles, et je pensais qu'elle aurait pu laisser une lumière comme signe de sa prochaine venue. La porte de l'appartement de ces dames était fermée ; ce qui me sembla indiquer que ma défaillante amie, lasse de m'attendre, était allée se coucher. J'étais là, debout, au milieu de la pièce, hésitant, espérant qu'elle m'entendrait et peut-être se glisserait hors de la porte ; je me disais aussi qu'elle ne se coucherait certainement pas dans l'état critique de sa tante ; elle passerait la nuit auprès d'elle à la veiller, sur une chaise, en robe de chambre.

Je vins près de la porte ; je m'y arrêtai et j'écoutai. Je n'entendis rien, et je finis par frapper doucement. Il ne vint aucune réponse, et après une minute d'attente je tournai le bouton. Il n'y avait pas de lumière dans la pièce ; cela aurait dû m'empêcher d'avancer, mais tel n'en fut pas l'effet. Puisque j'ai franchement exposé les importunités, les indélicatesses dont mon désir de posséder les papiers de Jeffrey Aspern m'avait rendu capable, je n'ai pas de raison pour reculer devant l'aveu de cette dernière indiscrétion. Je la considère comme le pire de mes actes ; cependant, il y a des circonstances atténuantes.

I was deeply though doubtless not disinterestedly anxious for more news of the old lady, and Miss Tita had accepted from me, as it were, a rendezvous which it might have been a point of honor with me to keep.

It may be said that her leaving the place dark was a positive sign that she released me, and to this I can only reply that I desired not to be released.

The door of Miss Bordereau's room was open and I could see beyond it the faintness of a taper. There was no sound—my footstep caused no one to stir. I came further into the room; I lingered there with my lamp in my hand. I wanted to give Miss Tita a chance to come to me if she were with her aunt, as she must be. I made no noise to call her; I only waited to see if she would not notice my light. She did not, and I explained this (I found afterward I was right) by the idea that she had fallen asleep.

If she had fallen asleep her aunt was not on her mind, and my explanation ought to have led me to go out as I had come. I must repeat again that it did not, for I found myself at the same moment thinking of something else. I had no definite purpose, no bad intention, but I felt myself held to the spot

J'étais profondément anxieux — bien que sans doute cette anxiété ne fût pas désintéressée — d'avoir des nouvelles de Juliana, et, somme toute, miss Tina avait accepté de moi un rendez-vous auquel je pouvais mettre un point d'honneur à me rendre.

On peut objecter que le fait de laisser la pièce dans l'obscurité prouvait matériellement qu'elle me dégageait de ma promesse — et à cela tout ce que je puis répondre est que je ne désirais pas être dégagé.

La porte de la chambre de miss Bordereau était ouverte, et j'y voyais briller la faible lumière d'une veilleuse. On n'entendait aucun son ; le bruit de mes pas ne dérangea personne. J'avançai dans la chambre ; je m'y attardai, ma lampe à la main ; je voulais donner à miss Tina une occasion de venir, si, comme je n'en doutais pas, elle était toujours auprès de sa tante ; je ne fis aucun bruit pour attirer son attention ; j'attendais seulement de voir si ma lumière ne l'attirerait pas. Elle ne l'attira pas, et je me l'expliquai — la suite des événements me donna raison — par le fait qu'elle s'était endormie.

Si elle s'était endormie, c'était que sa tante ne lui causait plus d'inquiétude, et mon explication aurait dû me porter à sortir comme j'étais entré. Je répète encore qu'elle ne m'y porta point, car, au même moment, j'étais la proie d'un autre sentiment. Je n'avais aucun propos défini, aucune mauvaise intention, mais je me sentais enchaîné à ce lieu

by an acute, though absurd, sense of opportunity. For what I could not have said, inasmuch as it was not in my mind that I might commit a theft. Even if it had been I was confronted with the evident fact that Miss Bordereau did not leave her secretary, her cupboard, and the drawers of her tables gaping. I had no keys, no tools, and no ambition to smash her furniture. Nonetheless it came to me that I was now, perhaps alone, unmolested, at the hour of temptation and secrecy, nearer to the tormenting treasure than I had ever been. I held up my lamp, let the light play on the different objects as if it could tell me something. Still there came no movement from the other room. If Miss Tita was sleeping she was sleeping sound. Was she doing so—generous creature—on purpose to leave me the field? Did she know I was there and was she just keeping quiet to see what I would do—what I COULD do? But what could I do, when it came to that? She herself knew even better than I how little.

I stopped in front of the secretary, looking at it very idiotically; for what had it to say to me after all? In the first place it was locked, and in the second it almost surely contained nothing in which I was interested. Ten to one the papers had been destroyed; and even if they had not been destroyed the old woman would not have

par l'instinct, absurde mais intense, d'une chance inespérée. Une chance pour moi, de quoi, je n'aurais pu le dire, car il ne me venait nullement à l'esprit de procéder à un vol ; une telle tentation même me serait-elle venue, il était évident que miss Bordereau ne laissait pas béants son secrétaire, son armoire et ses tiroirs. Je n'avais ni clefs, ni outils, ni l'intention de démolir son mobilier. Néanmoins, la pensée me vint que j'étais maintenant seul peut-être, sans entrave, à cette heure nocturne, libre et sûrement plus près que je ne l'avais jamais été de la source de ma folle espérance. J'élevai ma lampe. J'en fis jouer la lueur sur les divers objets qui m'entouraient, comme si elle pouvait m'apprendre quelque chose. Toujours aucun mouvement dans la chambre voisine. Si miss Tina dormait, elle dormait ferme. Agissait-elle ainsi, ô généreuse créature, pour me laisser le champ libre ? Savait-elle que j'étais là, et se tenait-elle tranquille pour voir ce que je ferais, ce qu'il m'était *possible* de faire ? Et pourtant, que faire, même si les choses en venaient là ? Elle-même, mieux que moi, savait le peu qu'il y avait à tenter.

Je m'arrêtai devant le secrétaire, haletant vainement de désir, et grotesque, sans doute, car après tout, qu'avait-il à me dire ? En premier lieu, il était fermé à clef, et en second lieu c'était à peu près certain qu'il ne contenait rien d'intéressant pour moi. Il y avait dix contre un à parier que les papiers avaient été détruits, et même s'ils ne l'avaient point été, la pénétrante vieille femme ne les aurait pas

put them in such a place as that after removing them from the green trunk—would not have transferred them, if she had the idea of their safety on her brain, from the better hiding place to the worse. The secretary was more conspicuous, more accessible in a room in which she could no longer mount guard. It opened with a key, but there was a little brass handle, like a button, as well; I saw this as I played my lamp over it. I did something more than this at that moment: I caught a glimpse of the possibility that Miss Tita wished me really to understand. If she did not wish me to understand, if she wished me to keep away, why had she not locked the door of communication between the sitting room and the sala? That would have been a definite sign that I was to leave them alone. If I did not leave them alone she meant me to come for a purpose—a purpose now indicated by the quick, fantastic idea that to oblige me she had unlocked the secretary.

She had not left the key, but the lid would probably move if I touched the button. This theory fascinated me, and I bent over very close to judge. I did not propose to do anything, not even—not in the least—to let down the lid; I only wanted to test my theory, to see if the cover WOULD move.

mis à cette place après les avoir tirés de la malle verte, elle ne les aurait pas transférés, toute préoccupée qu'elle était de leur sécurité, d'une meilleure cachette à une pire. Le secrétaire attirait davantage les yeux ; il était plus exposé dans une chambre où elle ne pouvait plus monter la garde. Il s'ouvrait avec une clef, mais il avait également une petite poignée de cuivre qui ressemblait à un bouton ; je la vis en faisant jouer sur le meuble la lumière de ma lampe. Enfin, à l'apogée de la crise, je fis un pas de plus ; un éclair me traversa l'esprit : peut-être miss Tina désirait-elle me faire comprendre qu'il y avait là une chance possible. Si elle ne le désirait pas, si elle désirait me tenir à l'écart, pourquoi n'avait-elle pas fermé à clef la porte de communication entre la sala et leur salon ? Ç'aurait été me signifier définitivement que je devais les laisser tranquilles. Si je n'avais pas à les laisser tranquilles, c'était me permettre tacitement de venir dans un but précis, et je m'attachais à cette déduction suprêmement subtile que, pour m'obliger, elle avait donné à la serrure le tour de clef libérateur.

La clef n'était plus là, mais la tablette s'abattrait probablement si je tournais le bouton. Une telle possibilité m'oppressait péniblement et je me penchai vers le meuble jusqu'à le toucher, afin d'en bien juger. Je n'avais aucune intention, quelle qu'elle fût, même pas d'abaisser le panneau — non, pas le moins du monde ; je voulais seulement mettre ma théorie à l'épreuve, voir si le panneau bougerait.

I touched the button with my hand—a mere touch would tell me; and as I did so (it is embarrassing for me to relate it), I looked over my shoulder. It was a chance, an instinct, for I had not heard anything.

I almost let my luminary drop and certainly I stepped back, straightening myself up at what I saw. Miss Bordereau stood there in her nightdress, in the doorway of her room, watching me; her hands were raised, she had lifted the everlasting curtain that covered half her face, and for the first, the last, the only time I beheld her extraordinary eyes. They glared at me, they made me horribly ashamed. I never shall forget her strange little bent white tottering figure, with its lifted head, her attitude, her expression; neither shall I forget the tone in which as I turned, looking at her, she hissed out passionately, furiously:

"Ah, you publishing scoundrel!"

I know not what I stammered, to excuse myself, to explain; but I went toward her, to tell her I meant no harm. She waved me off with her old hands, retreating before me in horror; and the next thing I knew she had fallen back with a quick spasm, as if death had descended on her, into Miss Tita's arms.

Je voulus toucher le bouton du doigt : le moindre contact me renseignerait ; et tandis que je le faisais — oui, c'est embarrassant pour moi d'avoir à le raconter —, je regardai par-dessus mon épaule. Je le fis par hasard, par instinct, car je n'avais réellement rien entendu.

Je laissai presque choir ma lumière et je fis certainement un pas en arrière, me redressant vivement à la vue de ce qui se présentait devant moi : Juliana était là, debout dans l'encadrement de sa porte, en robe de nuit, et m'observait ; ses mains étaient dressées, elle avait soulevé l'éternel rideau qui lui couvrait à demi le visage, et pour la première, la dernière, la seule fois, je contemplai ses yeux extraordinaires. Ils me dévoraient ; ils étaient comme le jet subit d'un flot de lumière sur le cambrioleur surpris ; ils m'imprégnèrent d'une honte insupportable. Jamais je n'oublierai son étrange petite forme blanche, branlante et courbée, avec sa tête dressée, son attitude, son expression ; je n'oublierai pas non plus le ton dont elle siffla, passionnément et furieusement, quand je me tournai vers elle :

« Ah ! canaille d'écrivain ! »

Je ne puis plus dire aujourd'hui ce que je balbutiai pour m'excuser, pour m'expliquer ; mais j'allai vers elle pour lui dire que je ne voulais pas mal faire. Elle agita ses vieilles mains pour me repousser, reculant, pleine d'horreur, devant moi ; et tout ce que je vis ensuite fut sa chute en arrière, accompagnée d'un spasme rapide, comme si la mort venait de fondre sur elle, dans les bras de miss Tina.

9

I left Venice the next morning, as soon as I learned that the old lady had not succumbed, as I feared at the moment, to the shock I had given her—the shock I may also say she had given me. How in the world could I have supposed her capable of getting out of bed by herself? I failed to see Miss Tita before going; I only saw the donna, whom I entrusted with a note for her younger mistress. In this note I mentioned that I should be absent but for a few days. I went to Treviso, to Bassano, to Castelfranco; I took walks and drives and looked at musty old churches with ill-lighted pictures and spent hours seated smoking at the doors of cafes, where there were flies and yellow curtains, on the shady side of sleepy little squares. In spite of these pastimes, which were mechanical and perfunctory, I scantily enjoyed my journey:

9

Je quittai Venise le lendemain matin, immédiatement après avoir appris que mon hôtesse n'avait pas succombé, comme je l'avais craint sur le moment, au choc que je lui avais donné — choc que je puis bien dire avoir également reçu d'elle. Rien pouvait-il me faire supposer qu'elle était capable de sortir de son lit sans être aidée ? Je ne pus voir miss Tina avant mon départ ; je vis seulement la *donna* à laquelle je confiai un mot pour sa plus jeune maîtresse. Je lui annonçais une absence de quelques jours seulement ; je me rendis à Trévise, à Bassano, à Castelfranco ; je fis des promenades à pied et en voiture, je contemplai mainte vieille église délabrée, aux tableaux mal éclairés ; je passai des heures à fumer, assis à la porte de cafés — où je trouvais invariablement des mouches et des rideaux jaunes — du côté de l'ombre, sur les petites places assoupies. En dépit de ces passe-temps, qui m'occupaient d'une façon machinale et superficielle, je ne jouis que peu de mon voyage.

there was too strong a taste of the disagreeable in my life.

I had been devilish awkward, as the young men say, to be found by Miss Bordereau in the dead of night examining the attachment of her bureau; and it had not been less so to have to believe for a good many hours afterward that it was highly probable I had killed her. In writing to Miss Tita I attempted to minimize these irregularities; but as she gave me no word of answer I could not know what impression I made upon her.

It rankled in my mind that I had been called a publishing scoundrel, for certainly I did publish and certainly I had not been very delicate. There was a moment when I stood convinced that the only way to make up for this latter fault was to take myself away altogether on the instant; to sacrifice my hopes and relieve the two poor women forever of the oppression of my intercourse. Then I reflected that I had better try a short absence first, for I must already have had a sense (unexpressed and dim) that in disappearing completely it would not be merely my own hopes that I should condemn to extinction. It would perhaps be sufficient if I stayed away long enough to give the elder lady time to think she was rid of me.

J'avais eu un amer breuvage à boire et le goût m'en restait dans la bouche.

Ç'avait été rudement embêtant — pour employer le langage des jeunes gens — d'être découvert par Juliana en train d'examiner la fermeture de son bureau, au cœur de la nuit ; ce ne l'avait pas été moins d'avoir cru, les heures suivantes, qu'il y avait les plus grandes probabilités que je l'eusse tuée. Mon humiliation m'empoisonnait, mais il m'avait fallu me tirer d'affaire de mon mieux, diminuer autant que possible, en écrivant à miss Tina, l'importance de l'incident, aussi bien que donner une explication plausible de l'attitude dans laquelle j'avais été surpris. Je ne pus savoir l'impression que je lui avais faite, car je n'en reçus aucune réponse.

J'étais plein de rancune d'avoir été appelé « canaille d'écrivain », car indubitablement j'étais un écrivain, et non moins indubitablement j'avais agi sans délicatesse. Il vint un moment où je me persuadai que le seul moyen de recouvrer mon honneur était de disparaître, de sacrifier mes espérances chéries, et délivrer à jamais les deux pauvres femmes de mon commerce importun. Puis je fis la réflexion qu'il valait mieux essayer d'abord une petite absence : j'entretenais déjà, à mon insu, le sentiment, inexprimé et obscur, qu'en disparaissant ainsi complètement, ce n'était pas mes espérances seules que je condamnais à s'éteindre. Mon absence atteindrait son but si elle durait assez pour convaincre la plus âgée des deux dames qu'elle était débarrassée de moi.

That she would wish to be rid of me after this (if I was not rid of her) was now not to be doubted: that nocturnal scene would have cured her of the disposition to put up with my company for the sake of my dollars. I said to myself that after all I could not abandon Miss Tita, and I continued to say this even while I observed that she quite failed to comply with my earnest request (I had given her two or three addresses, at little towns, post restante) that she would let me know how she was getting on. I would have made my servant write to me but that he was unable to manage a pen. It struck me there was a kind of scorn in Miss Tita's silence (little disdainful as she had ever been), so that I was uncomfortable and sore. I had scruples about going back and yet I had others about not doing so, for I wanted to put myself on a better footing. The end of it was that I did return to Venice on the twelfth day; and as my gondola gently bumped against Miss Bordereau's steps a certain palpitation of suspense told me that I had done myself a violence in holding off so long.

I had faced about so abruptly that I had not telegraphed to my servant. He was therefore not at the station to meet me, but he poked out his head from an upper window when I reached the house.

Qu'elle désirât être débarrassée de moi après une telle histoire — si je n'étais pas débarrassé d'elle —, il n'y avait pas à en douter : cette atrocité nocturne avait dû la guérir de sa disposition à supporter ma compagnie pour l'amour de mes dollars. Je me disais aussi qu'après tout je ne pouvais abandonner miss Tina, et je continuai à me le dire, même en constatant qu'elle semblait ignorer la pressante requête que je lui avais adressée de me donner signe de vie — je lui avais laissé deux ou trois adresses de poste restante dans plusieurs petites villes. J'aurais bien chargé mon domestique de me donner des nouvelles, n'eût été son incapacité à tenir une plume. Le blâme de miss Tina n'était-il pas assez évident, si peu méprisante qu'elle se fût montrée jusqu'ici ? Vraiment, ma coupe d'amertume était comble. Cependant, si j'éprouvais du scrupule à revenir, j'en éprouvais aussi à ne pas le faire et j'avais besoin d'établir nos rapports sur un meilleur pied. La conclusion de tout ceci fut mon retour à Venise au bout de douze jours ; et, comme ma gondole heurtait doucement les marches d'entrée de notre palais, un bel arrêt de ma respiration me montra combien je m'étais fait violence en m'éloignant.

J'avais tourné bride si brusquement que je n'avais même pas télégraphié à mon domestique. Il ne se trouvait donc pas à la gare pour me recevoir, mais sa tête jaillit d'une des fenêtres supérieures quand j'atteignis la maison.

"They have put her into the earth, *la vecchia*," he said to me in the lower hall, while he shouldered my valise; and he grinned and almost winked, as if he knew I should be pleased at the news.

"She's dead!" I exclaimed, giving him a very different look.

"So it appears, since they have buried her."

"It's all over? When was the funeral?"

"The other yesterday. But a funeral you could scarcely call it, *signore*; it was a dull little *passeggio* of two gondolas. *Poveretta!*" the man continued, referring apparently to Miss Tita.

His conception of funerals was apparently that they were mainly to amuse the living.

I wanted to know about Miss Tita—how she was and where she was—but I asked him no more questions till we had got upstairs. Now that the fact had met me I took a bad view of it, especially of the idea that poor Miss Tita had had to manage by herself after the end. What did she know about arrangements, about the steps to take in such a case? *Poveretta* indeed! I could only hope that the doctor had given her assistance and that she had not been neglected by the old friends of whom she had told me, the little band

« On l'a mise en terre, *quella vecchia* », me dit-il dans la salle basse, tout en chargeant ma valise sur son épaule ; et il ricana et cligna presque de l'œil comme s'il savait que je me réjouirais de cette nouvelle.

« Elle est morte ! m'ecriai-je, lui lançant un regard fort différent de celui qu'il attendait.

— Il me semble, du moment qu'on l'a enterrée.

— Tout est fini, alors ? Quand a eu lieu le service ?

— Avant-hier. Mais ça ne peut guère s'appeler un service, monsieur : *rabo da niente — un piccolo passaggio brutto* de deux gondoles. *Poveretta !* » ajouta-t-il, faisant évidemment allusion à miss Tina.

Sa conception des enterrements était qu'ils étaient surtout faits pour la distraction des vivants.

Je désirais lui demander des nouvelles de miss Tina, savoir comment elle se portait et, d'une façon générale, tout ce qui la concernait. Mais je ne l'interrogeai plus avant que nous ne fussions arrivés en haut. Maintenant que l'événement était accompli, je n'en attendais que de déplorables conséquences, surtout en pensant que miss Tina avait dû se tirer d'affaire toute seule après le décès. Que savait-elle des arrangements à prendre, des démarches à faire en pareil cas ? Oui, vraiment, *poveretta !* J'espérais bien que le docteur lui avait prêté son assistance et que les vieux amis dont elle m'avait parlé ne l'avaient pas abandonnée, ce petit groupe

of the faithful whose fidelity consisted in coming to the house once a year. I elicited from my servant that two old ladies and an old gentleman had in fact rallied round Miss Tita and had supported her (they had come for her in a gondola of their own) during the journey to the cemetery, the little red-walled island of tombs which lies to the north of the town, on the way to Murano.

It appeared from these circumstances that the Misses Bordereau were Catholics, a discovery I had never made, as the old woman could not go to church and her niece, so far as I perceived, either did not or went only to early mass in the parish, before I was stirring. Certainly even the priests respected their seclusion; I had never caught the whisk of the curato's skirt. That evening, an hour later, I sent my servant down with five words written on a card, to ask Miss Tita if she would see me for a few moments. She was not in the house, where he had sought her, he told me when he came back, but in the garden walking about to refresh herself and gathering flowers. He had found her there and she would be very happy to see me.

I went down and passed half an hour with poor Miss Tita. She had always had a look of musty mourning (as if she were wearing out old robes of sorrow that would not come to an end),

dont la fidélité consistait à venir les voir une fois par an. J'extirpai de mon domestique qu'en effet un vieux monsieur et deux vieilles dames s'étaient réunis autour de miss Tina et l'avaient accompagnée — ils l'avaient prise dans leur gondole privée — pendant le trajet au cimetière, la petite île des tombes aux murs de briques qui s'étend au nord de la ville, sur le chemin de Murano.

À ces signes, je connus que les demoiselles Bordereau étaient catholiques, découverte que je n'avais jamais faite, la vieille femme ne pouvant se rendre à l'église, et sa nièce, à ma connaissance, n'en usant pas davantage, ou n'entendant qu'une messe matinale à la paroisse avant que je fusse levé. En tout cas, le clergé même respectait leur retraite, car je n'avais jamais aperçu au passage le moindre vestige de la soutane d'un curé. Ce soir-là, une heure plus tard, j'envoyai mon domestique porter deux mots sur ma carte à miss Tina, demandant à la voir quelques instants. Elle n'était pas dans la maison, où il l'avait cherchée tout d'abord, me dit-il en remontant, mais au jardin, où elle se reposait en se promenant et en cueillant des fleurs exactement comme si elles lui appartenaient. Il l'avait trouvée là, et elle serait heureuse de me voir.

Je descendis et je passai une demi-heure avec la pauvre Tina. Elle avait toujours eu cet aspect de deuil un peu moisi, comme si elle n'eût jamais porté que de vieux vêtements tristes qui ne voulaient pas s'user ;

and in this respect there was no appreciable change in her appearance. But she evidently had been crying, crying a great deal—simply, satisfyingly, refreshingly, with a sort of primitive, retarded sense of loneliness and violence. But she had none of the formalism or the self-consciousness of grief, and I was almost surprised to see her standing there in the first dusk with her hands full of flowers, smiling at me with her reddened eyes. Her white face, in the frame of her mantilla, looked longer, leaner than usual.

I had had an idea that she would be a good deal disgusted with me—would consider that I ought to have been on the spot to advise her, to help her; and, though I was sure there was no rancor in her composition and no great conviction of the importance of her affairs, I had prepared myself for a difference in her manner, for some little injured look, half-familiar, half-estranged, which should say to my conscience, "Well, you are a nice person to have professed things!"

But historic truth compels me to declare that Tita Bordereau's countenance expressed unqualified pleasure in seeing her late aunt's lodger. That touched him extremely, and he thought it simplified his situation until he found it did not.

dans la circonstance actuelle, son apparence n'avait pas changé. Mais on voyait clairement qu'elle avait pleuré, beaucoup pleuré — pleuré en toute simplicité, de tout son cœur, s'abandonnant enfin à la sensation longtemps refoulée de sa solitude et de son violent chagrin. Mais elle n'avait aucune des expressions ni des grâces de la douleur, et je fus presque surpris de la voir debout devant moi, au jour tombant, les mains pleines de roses admirables et me souriant de ses yeux rougis ; son pâle visage, encadré d'une mantille, paraissait plus long et plus maigre que de coutume.

Je ne doutais pas qu'elle ne fût irrémédiablement désillusionnée sur mon compte, jugeant sans doute que j'aurais dû être là pour la conseiller et l'aider, et bien que je fusse convaincu qu'aucun élément de rancune n'entrait dans la composition de sa personnalité, et qu'elle n'attachait pas grande importance à ce qui la concernait, j'étais préparé à un changement dans ses manières, à un air de susceptibilité et d'éloignement, qui dirait à ma conscience : « Eh bien ! vous avez joué un joli rôle en faisant toutes vos déclarations de dévouement ! »

Mais la vérité historique me force à déclarer que le morne visage de la pauvre dame cessa d'être morne, cessa presque d'être laid, quand elle se tourna, tout heureuse, vers le pensionnaire de sa défunte tante. Il en fut extrêmement touché et en conclut que la situation en était simplifiée, jusqu'au moment où il s'aperçut qu'elle ne l'était pas.

I was as kind to her that evening as I knew how to be, and I walked about the garden with her for half an hour. There was no explanation of any sort between us; I did not ask her why she had not answered my letter. Still less did I repeat what I had said to her in that communication; if she chose to let me suppose that she had forgotten the position in which Miss Bordereau surprised me that night and the effect of the discovery on the old woman I was quite willing to take it that way: I was grateful to her for not treating me as if I had killed her aunt.

We strolled and strolled and really not much passed between us save the recognition of her bereavement, conveyed in my manner and in a visible air that she had of depending on me now, since I let her see that I took an interest in her. Miss Tita had none of the pride that makes a person wish to preserve the look of independence; she did not in the least pretend that she knew at present what would become of her. I forebore to touch particularly on that, however, for I certainly was not prepared to say that I would take charge of her. I was cautious; not ignobly, I think, for I felt that her knowledge of life was so small that in her unsophisticated vision there would be no reason why—since I seemed to pity her—I should not look after her.

Je me montrai ce soir-là aussi bienveillant envers elle que je savais l'être, et la promenai dans le jardin aussi longtemps que je le jugeai bon. Il n'y eut aucune explication entre nous ; je ne lui demandai pas pourquoi elle n'avait pas répondu à ma lettre. Je me risquai moins encore à lui répéter ce que contenait cette communication ; s'il lui plaisait de me laisser supposer qu'elle avait oublié dans quelle attitude miss Bordereau m'avait surpris, et l'effet de cette découverte sur la vieille femme, je ne demandais qu'à partager cette manière de voir : je lui étais reconnaissant de ne pas me traiter comme si j'avais tué sa tante.

Nous allions et venions, indéfiniment, bien qu'en vérité peu de choses s'exprimassent de part et d'autre, en dehors de mes condoléances sur son deuil, traduites par ma façon d'être et par celle qu'elle avait de paraître à présent compter sur moi — puisque je lui laissais voir que je continuais à lui porter intérêt. L'âme de miss Tina n'était pas de celles qui se targuent d'orgueil ou affectent une virile indépendance ; elle ne laissait pas supposer le moins du monde qu'elle savait à présent ce qu'elle allait devenir. Je me gardai de serrer cette question de près, car je n'étais nullement disposé à dire que je me chargerais d'elle. Je fus prudent : pas ignoblement, je crois, car je sentais son expérience de la vie si restreinte, qu'à ses yeux innocents il semblait qu'il n'y eût pas de raison pour que je ne m'occupasse pas d'elle — du moment que j'en avais pitié.

She told me how her aunt had died, very peacefully at the last, and how everything had been done afterward by the care of her good friends (fortunately, thanks to me, she said, smiling, there was money in the house; and she repeated that when once the Italians like you they are your friends for life); and when we had gone into this she asked me about my *giro*, my impressions, the places I had seen. I told her what I could, making it up partly, I am afraid, as in my depression I had not seen much; and after she had heard me she exclaimed, quite as if she had forgotten her aunt and her sorrow, "Dear, dear, how much I should like to do such things — to take a little journey!"

It came over me for the moment that I ought to propose some tour, say I would take her anywhere she liked; and I remarked at any rate that some excursion — to give her a change — might be managed: we would think of it, talk it over. I said never a word to her about the Aspern documents; asked no questions as to what she had ascertained or what had otherwise happened with regard to them before Miss Bordereau's death. It was not that I was not on pins and needles to know, but that I thought it more decent not to betray my anxiety so soon after the catastrophe. I hoped she herself would say something, but she never glanced that way, and I thought this natural at the time.

Elle me raconta comment était morte sa tante, très tranquillement à la fin, et comment tout ce qu'il y avait à faire l'avait été par ses bons amis. « Heureusement, disait-elle, il y avait, grâce à moi, de l'argent à la maison. » Elle répéta que quand des Italiens « bien » vous donnent leur amitié, c'est pour toujours, et quand ce chapitre fut épuisé elle m'interrogea sur mon *giro*, mes impressions, mes aventures, les lieux que j'avais visités. Je lui racontai le plus de choses possible, les inventant en partie, je crains, car, dans l'état d'agitation où j'avais été, peu de choses m'avaient frappé ; et après qu'elle m'eut écouté, elle s'écria, comme si elle avait entièrement oublié sa tante et son chagrin :

« Mon Dieu ! mon Dieu ! comme j'aimerais faire des choses pareilles ! partir pour un amusant petit voyage ! »

Un moment il me vint à l'esprit que je devrais lui proposer une entreprise de ce genre, lui dire que je l'accompagnerais où elle voudrait ; je dis tout au moins que nous pourrions arranger une excursion intéressante, afin de lui changer un peu les idées ; il faudrait y penser, en causer ensemble. Je n'ouvris pas la bouche quant aux papiers d'Aspern, ne posai aucune question sur ce qu'elle avait pu découvrir ou ce qui avait pu en advenir avant la mort de Juliana. Ce n'était pas que je ne fusse sur des épines à leur sujet, mais je trouvais décent de ne pas montrer mon avidité après la catastrophe. J'espérais qu'elle-même en dirait quelque chose, mais elle n'avait pas l'air d'y penser du tout, et, sur le moment, cela me parut naturel.

Later however, that night, it occurred to me that her silence was somewhat strange; for if she had talked of my movements, of anything so detached as the Giorgione at Castelfranco, she might have alluded to what she could easily remember was in my mind. It was not to be supposed that the emotion produced by her aunt's death had blotted out the recollection that I was interested in that lady's relics, and I fidgeted afterward as it came to me that her reticence might very possibly mean simply that nothing had been found. We separated in the garden (it was she who said she must go in); now that she was alone in the rooms I felt that (judged, at any rate, by Venetian ideas) I was on rather a different footing in regard to visiting her there. As I shook hands with her for goodnight I asked her if she had any general plan — had thought over what she had better do.

"Oh, yes, oh, yes, but I haven't settled anything yet," she replied quite cheerfully. Was her cheerfulness explained by the impression that I would settle for her?

I was glad the next morning that we had neglected practical questions, for this gave me a pretext for seeing her again immediately. There was a very practical question to be touched upon. I owed it to her to let her know formally that of course I did not expect her to keep me on as a lodger,

Cependant, plus tard, dans la nuit, je pensai que son silence donnait lieu à des soupçons ; car si elle s'était intéressée à mon voyage, à une chose aussi éloignée d'elle que le Giorgione de Castelfranco, elle aurait pu faire une allusion à ce qui me troublait tant, ainsi qu'elle devait aisément se le rappeler. On ne pouvait supposer que l'émotion de la mort de sa tante avait effacé tout souvenir de l'intérêt que je portais aux reliques de cette dame, et je m'énervai ensuite quand il me vint à l'esprit que sa réticence signifiait tout justement que les reliques n'existaient plus. Nous nous séparâmes dans le jardin ; ce fut elle qui dit la première qu'il fallait rentrer ; maintenant qu'elle habitait seule le *piano nobile*, je sentais que — au moins d'après les idées reçues à Venise — je ne devais y pénétrer qu'avec réserve. Comme nous échangions une poignée de main avant de nous quitter pour la nuit, je lui demandai si elle avait fait des plans d'avenir, si elle avait réfléchi à ce qui serait le meilleur pour elle.

« Oh ! oui, mais je n'ai encore rien décidé », répondit-elle gaiement. L'explication de sa gaieté était-elle dans la conviction que je décidais pour son compte ?

Le lendemain matin, je fus content que nous eussions négligé les questions pratiques, car cela me donna un prétexte pour la revoir immédiatement. Il y avait vraiment une question pratique à traiter maintenant. Il était convenable de lui faire savoir formellement que, bien entendu, je ne m'attendais pas à ce qu'elle me conservât comme locataire,

and also to show some interest in her own tenure, what she might have on her hands in the way of a lease. But I was not destined, as it happened, to converse with her for more than an instant on either of these points.

I sent her no message; I simply went down to the sala and walked to and fro there. I knew she would come out; she would very soon discover I was there. Somehow I preferred not to be shut up with her; gardens and big halls seemed better places to talk. It was a splendid morning, with something in the air that told of the waning of the long Venetian summer; a freshness from the sea which stirred the flowers in the garden and made a pleasant draught in the house, less shuttered and darkened now than when the old woman was alive.

It was the beginning of autumn, of the end of the golden months. With this it was the end of my experiment — or would be in the course of half an hour, when I should really have learned that the papers had been reduced to ashes. After that there would be nothing left for me but to go to the station; for seriously (and as it struck me in the morning light) I could not linger there to act as guardian to a piece of middle-aged female helplessness. If she had not saved the papers wherein should I be indebted to her?

et je devais montrer aussi de l'intérêt pour sa propre location, pour les conditions de son bail. Mais, ainsi qu'on le verra, je n'étais pas destiné à converser longtemps avec elle sur aucun de ces sujets.

Je ne lui fis rien dire ; je descendis simplement à la sala, et y marchai de long en large ; je savais qu'elle y viendrait, qu'elle s'apercevrait promptement que j'étais là ; je préférais, en somme, n'être pas enfermé avec elle ; un jardin, une grande salle me semblaient préférables pour la conversation. La matinée était magnifique, avec je ne sais quoi dans l'air qui avertissait du déclin du long été vénitien : une fraîcheur venue de la mer faisait onduler les fleurs dans le jardin et apportait un agréable courant d'air dans la maison, moins close sous ses persiennes et moins préservée du jour que du temps de la vieille femme.

C'était le début de l'automne, la fin des mois dorés de l'été. Avec l'été, mon expérience aussi prenait fin, ou l'aurait atteinte dans une demi-heure, quand j'aurais réellement appris que mon rêve était réduit en cendres. Après cela, il ne me restait plus qu'à me rendre à la gare ; car, sérieusement — ainsi m'apparurent les choses à la claire lumière du matin —, je ne pouvais m'éterniser ici pour servir de tuteur à ce spécimen d'incapacité féminine d'âge mûr. Si elle n'avait pas sauvé les papiers, quelle reconnaissance lui devrais-je ?

I think I winced a little as I asked myself how much, if she HAD saved them, I should have to recognize and, as it were, to reward such a courtesy. Might not that circumstance after all saddle me with a guardianship? If this idea did not make me more uncomfortable as I walked up and down it was because I was convinced I had nothing to look to. If the old woman had not destroyed everything before she pounced upon me in the parlor she had done so afterward.

It took Miss Tita rather longer than I had expected to guess that I was there; but when at last she came out she looked at me without surprise. I said to her that I had been waiting for her, and she asked why I had not let her know. I was glad the next day that I had checked myself before remarking that I had wished to see if a friendly intuition would not tell her: it became a satisfaction to me that I had not indulged in that rather tender joke. What I did say was virtually the truth — that I was too nervous, since I expected her now to settle my fate.

"Your fate?" said Miss Tita, giving me a queer look; and as she spoke I noticed a rare change in her. She was different from what she had been the evening before — less natural, less quiet. She had been crying the day before and she was not crying now, and yet she struck me as less confident.

Je crois que j'eus un petit frisson en me demandant combien et comment, dans le cas où elle les *aurait* sauvés, je devrais reconnaître, voire récompenser une telle gracieuseté. Après tout, ce service-là ne m'obligerait-il pas à endosser sa tutelle ? Si cette idée n'augmenta pas mon malaise, tandis que j'allais et venais, c'est que j'étais convaincu que je n'avais rien de bon à espérer. Si la vieille femme n'avait pas tout détruit avant de fondre sur moi dans le salon, elle l'avait fait le lendemain.

Miss Tina fut plus lente que je n'aurais pensé à accomplir mes pronostics. Mais quand enfin elle parut, elle ne marqua aucune surprise de me voir. Je lui dis que je l'attendais depuis quelque temps et elle me demanda pourquoi je ne l'avais pas fait prévenir. Je me réjouis, quelques heures plus tard, de m'être arrêté avant de lui avoir fait remarquer que peut-être une intuition amicale aurait pu l'en avertir ; cela me devint alors un réconfort de n'avoir pas joué de sa sensibilité, même sous une forme aussi mesurée. Ce que je répondis à ce moment était, virtuellement, la vérité : que je m'étais senti trop nerveux, puisqu'elle devait maintenant décider de mon sort.

« De votre sort ? » dit miss Tina, me jetant un singulier regard, et, pendant qu'elle parlait, je remarquai en elle un incroyable changement. Oui, elle était autre qu'hier soir — moins naturelle, et moins à l'aise. Le jour précédent elle venait de pleurer, et aujourd'hui elle ne pleurait point ; cependant son allure me frappa comme moins confiante.

It was as if something had happened to her during the night, or at least as if she had thought of something that troubled her—something in particular that affected her relations with me, made them more embarrassing and complicated. Had she simply perceived that her aunt's not being there now altered my position?

"I mean about our papers. ARE there any? You must know now."

"Yes, there are a great many; more than I supposed."

I was struck with the way her voice trembled as she told me this.

"Do you mean that you have got them in there—and that I may see them?"

"I don't think you can see them," said Miss Tita with an extraordinary expression of entreaty in her eyes, as if the dearest hope she had in the world now was that I would not take them from her. But how could she expect me to make such a sacrifice as that after all that had passed between us? What had I come back to Venice for but to see them, to take them? My delight in learning they were still in existence was such that if the poor woman had gone down on her knees to beseech me never to mention them again I would have treated the proceeding as a bad joke.

C'était comme si quelque chose lui était arrivé pendant la nuit, ou, du moins, comme si elle avait découvert quelque chose qui la troublait, quelque chose qui se rapportait à nos relations, les rendait plus embarrassantes et plus compliquées. Commençait-elle tout simplement à sentir que la disparition de sa tante rendait ma situation différente ?

« Je parle de nos papiers ; y en a-t-il ? Vous devez le savoir maintenant ?

— Oui, il y en a ; beaucoup plus que je ne supposais. »

Je fus frappé de la façon dont sa voix tremblait en me disant cela.

« Voulez-vous dire que vous les avez là-bas et que je puis les voir ?

— Je ne crois pas que vous puissiez les voir », dit miss Tina avec une expression extraordinaire de supplication dans les yeux, comme si son plus cher espoir au monde était maintenant que je ne les lui prisse pas. Mais comment pouvait-elle s'attendre à un tel artifice de ma part, après tout ce qui s'était passé entre nous ? Pourquoi étais-je jamais venu à Venise, sinon pour les voir, pour les avoir ? Ma joie était telle en apprenant leur existence que, si la pauvre femme s'était mise à mes genoux en me conjurant de n'en plus jamais parler, je n'aurais considéré ce procédé que comme une mauvaise plaisanterie.

"I have got them but I can't show them," she added.

"Not even to me? Ah, Miss Tita!" I groaned, with a voice of infinite remonstrance and reproach.

She colored, and the tears came back to her eyes; I saw that it cost her a kind of anguish to take such a stand but that a dreadful sense of duty had descended upon her. It made me quite sick to find myself confronted with that particular obstacle; all the more that it appeared to me I had been extremely encouraged to leave it out of account. I almost considered that Miss Tita had assured me that if she had no greater hindrance than that—!

"You don't mean to say you made her a deathbed promise? It was precisely against your doing anything of that sort that I thought I was safe. Oh, I would rather she had burned the papers outright than that!"

"No, it isn't a promise," said Miss Tita.

"Pray what is it then?"

She hesitated and then she said, "She tried to burn them, but I prevented it. She had hid them in her bed."

"In her bed?"

« Je les ai, mais je ne peux pas les montrer, ajouta-t-elle, lamentable.

— Même pas à moi ? Ah ! miss Tina ! » m'exclamai-je avec un ton de remontrance et de reproche infini.

Elle rougit et les larmes lui montèrent aux yeux ; je mesurai l'angoisse que lui coûtait une attitude imposée par le terrible sentiment du devoir. Cela me faisait mal d'affronter cet obstacle particulier, d'autant plus qu'il me semblait bien avoir reçu l'encouragement très net de n'avoir pas à en tenir compte. J'étais tout à fait sûr que miss Tina m'avait assuré que s'il n'y avait pas de plus grands empêchements que celui-là…

« Vous ne voulez pas dire que vous lui avez fait de ces promesses qu'on fait à un lit de mort ? C'était précisément toute espèce d'engagement de ce genre que je croyais n'avoir pas à craindre de vous. Oh ! je préférerais qu'elle eût brûlé les papiers jusqu'au dernier, plutôt que de souffrir une trahison pareille !

— Non, ce n'est pas une promesse, dit miss Tina.

— Qu'est-ce alors, je vous prie ? »

Elle chercha une échappatoire, puis avoua finalement :

« Elle a essayé de les brûler, mais j'ai évité cela. Elle les avait cachés dans son lit.

— Dans son lit ?

"Between the mattresses. That's where she put them when she took them out of the trunk. I can't understand how she did it, because Olimpia didn't help her. She tells me so, and I believe her. My aunt only told her afterward, so that she shouldn't touch the bed—anything but the sheets. So it was badly made," added Miss Tita simply.

"I should think so! And how did she try to burn them?"

"She didn't try much; she was too weak, those last days. But she told me—she charged me. Oh, it was terrible! She couldn't speak after that night; she could only make signs."

"And what did you do?"

"I took them away. I locked them up."

"In the secretary?"

"Yes, in the secretary," said Miss Tita, reddening again.

"Did you tell her you would burn them?"

"No, I didn't—on purpose."

"On purpose to gratify me?"

"Yes, only for that."

"And what good will you have done me if after all you won't show them?"

— Entre les matelas. C'est là qu'elle les avait mis après les avoir retirés de la malle. Je ne puis comprendre comment elle y est arrivée, car Olimpia ne l'a pas aidée. Elle l'assure et je le crois. Ma tante ne le lui a dit que plus tard, pour qu'elle ne défasse jamais le lit — rien que les draps. Aussi, il était très mal fait, ajouta miss Tina, simplement.

— Je le crois bien ! Et comment s'y est-elle prise pour essayer de les brûler ?

— Elle n'a guère essayé ; ces derniers jours, elle était trop faible. Mais elle m'a parlé — elle m'a chargée... — Oh ! ce fut terrible ! Après cette nuit-là, elle devint incapable de parler. Elle ne pouvait plus que faire des signes.

— Et que fîtes-vous ?

— Je les pris et les enfermai à double tour.

— Dans le secrétaire ?

— Oui, dans le secrétaire, dit miss Tina, rougissant de nouveau.

— Lui avez-vous dit que vous les brûleriez ?

— Non, je ne lui ai pas dit, exprès.

— Exprès pour me rendre service ?

— Oui, uniquement.

— Et quel bénéfice retirerai-je de votre bonté si, après tout, vous ne voulez pas me les montrer ?

"Oh, none; I know that — I know that."

"And did she believe you had destroyed them?"

"I don't know what she believed at the last. I couldn't tell — she was too far gone."

"Then if there was no promise and no assurance I can't see what ties you."

"Oh, she hated it so — she hated it so! She was so jealous. But here's the portrait — you may have that," Miss Tita announced, taking the little picture, wrapped up in the same manner in which her aunt had wrapped it, out of her pocket.

"I may have it — do you mean you give it to me?" I questioned, staring, as it passed into my hand.

"Oh, yes."

"But it's worth money — a large sum."

"Well!" said Miss Tita, still with her strange look.

I did not know what to make of it, for it could scarcely mean that she wanted to bargain like her aunt. She spoke as if she wished to make me a present.

« — Oh ! aucun. Je le sais, je le sais, gémit-elle mélancoliquement.

— Et crut-elle que vous les aviez détruits ?

— Je ne sais pas ce qu'elle a pu croire à la fin. Je ne puis vraiment pas le dire, elle était trop mal.

— Alors, s'il n'y a eu ni promesse ni assurance, je ne vois pas ce qui vous arrête.

— Oh ! elle haïssait tellement tout cela ! tellement ! tellement ! Elle était si jalouse ! Mais voici le portrait ; vous pouvez le prendre, m'annonça la pauvre femme, tirant de sa poche le petit tableau, enveloppé de même que l'avait enveloppé sa tante.

— Je puis l'avoir ? Voulez-vous dire que vous me le donnez ? dis-je haletant, tandis qu'elle me le mettait dans la main.

— Oh ! oui.

— Mais il vaut de l'argent, beaucoup d'argent.

— Eh bien ! » dit miss Tina, toujours avec cet étrange regard.

Je ne savais que penser, car il était à peine croyable qu'elle voulût marchander comme sa tante. Elle s'exprimait comme si elle désirait me faire un cadeau.

"I can't take it from you as a gift," I said, "and yet I can't afford to pay you for it according to the ideas Miss Bordereau had of its value. She rated it at a thousand pounds."

"Couldn't we sell it?" asked Miss Tita.

"God forbid! I prefer the picture to the money."

"Well then keep it."

"You are very generous."

"So are you."

"I don't know why you should think so," I replied; and this was a truthful speech, for the singular creature appeared to have some very fine reference in her mind, which I did not in the least seize.

"Well, you have made a great difference for me," said Miss Tita.

I looked at Jeffrey Aspern's face in the little picture, partly in order not to look at that of my interlocutress, which had begun to trouble me, even to frighten me a little—it was so self-conscious, so unnatural. I made no answer to this last declaration; I only privately consulted Jeffrey Aspern's delightful eyes with my own (they were so young and brilliant, and yet so wise, so full of vision); I asked him what on earth was the matter with Miss Tita. He seemed to smile at me with friendly mockery,

« Je ne puis l'accepter de vous comme don, dis-je, et cependant je ne puis vous le payer le prix que miss Bordereau l'avait évalué. Elle l'estimait à vingt-cinq mille francs.

— Ne pourrions-nous pas le vendre ? lança mon amie.

— Dieu nous en préserve ! Je préféré la peinture à l'argent.

— Alors, gardez-le.

— Vous êtes très généreuse.

— Et vous aussi.

— Je me demande ce qui peut vous faire penser cela », répliquai-je, et c'était parfaitement vrai, car la bonne créature semblait en référer mentalement à quelque preuve considérable que je ne parvenais pas à saisir.

« Eh bien ! je vous dois un grand changement », dit-elle.

Je regardai le visage de Jeffrey Aspern reproduit par l'artiste, en partie pour ne pas avoir à regarder celui de ma compagne, qui commençait à me troubler, même à m'effrayer un peu : il se modelait d'une façon si bizarre, si tendue et si peu naturelle ! Je ne répondis pas à cette dernière déclaration, je ne fis qu'interroger à la dérobée les yeux charmants de Jeffrey Aspern, avec les miens propres ; ils étaient si jeunes et si brillants, et cependant si avisés et si profonds ; je lui demandai que diable pouvait bien avoir miss Tina. Il sembla me sourire avec une moquerie indulgente :

as if he were amused at my case. I had got into a pickle for him — as if he needed it!

He was unsatisfactory, for the only moment since I had known him. Nevertheless, now that I held the little picture in my hand I felt that it would be a precious possession.

"Is this a bribe to make me give up the papers?" I demanded in a moment, perversely. "Much as I value it, if I were to be obliged to choose, the papers are what I should prefer. Ah, but ever so much!"

"How can you choose — how can you choose?" Miss Tita asked, slowly, lamentably.

"I see! Of course there is nothing to be said, if you regard the interdiction that rests upon you as quite insurmountable. In this case it must seem to you that to part with them would be an impiety of the worst kind, a simple sacrilege!"

Miss Tita shook her head, full of her dolefulness.

"You would understand if you had known her. I'm afraid," she quavered suddenly — "I'm afraid! She was terrible when she was angry."

peut-être mon cas l'amusait-il ; je m'étais mis dans un tel embarras à cause de lui, comme s'il en avait besoin !

Pour la première fois depuis que je le connaissais, il ne me satisfaisait pas pleinement ; néanmoins, maintenant que je tenais dans ma main la petite peinture, je sentais que la possession en était précieuse.

« Ce portrait est-il une tentative de corruption pour me faire renoncer aux papiers ? demandai-je présentement, et pour la taquiner. Bien que j'attache une grande valeur à ceci, vous savez, si j'étais obligé de choisir, c'est encore les papiers que je préférerais ! Et de beaucoup.

— Comment pouvez-vous parler de choix ? Comment le pouvez-vous ? reprit miss Tina, lentement et douloureusement.

— Je vois ! Naturellement, il n'y a rien à dire du moment que vous considérez l'interdiction qui pèse sur vous comme absolument insurmontable. En ce cas, il doit évidemment vous sembler que de vous séparer d'eux serait une impiété de la pire espèce, un sacrilège, tout simplement. »

Elle secoua la tête, perdue dans l'étrangeté de son cas.

« Si vous l'aviez connue, vous comprendriez ! J'ai peur ! » Et, soudainement, elle frissonna. « J'ai peur ! Elle était terrible quand elle se fâchait !

"Yes, I saw something of that, that night. She was terrible. Then I saw her eyes. Lord, they were fine!"

"I see them—they stare at me in the dark!" said Miss Tita.

"You are nervous, with all you have been through."

"Oh, yes, very—very!"

"You mustn't mind; that will pass away," I said, kindly. Then I added, resignedly, for it really seemed to me that I must accept the situation, "Well, so it is, and it can't be helped. I must renounce."

Miss Tita, at this, looking at me, gave a low, soft moan, and I went on:

"I only wish to heaven she had destroyed them; then there would be nothing more to say. And I can't understand why, with her ideas, she didn't."

"Oh, she lived on them!" said Miss Tita.

"You can imagine whether that makes me want less to see them," I answered, smiling. "But don't let me stand here as if I had it in my soul to tempt you to do anything base. Naturally you will understand if I give up my rooms. I leave Venice immediately."

— Oui, j'en ai su quelque chose, cette fameuse nuit ! Elle était terrible ; puis je vis ses yeux. Seigneur ! qu'ils étaient beaux !

— Je les vois ! Ils me fixent dans l'obscurité, dit miss Tina.

— Allons ! c'est tout ce que vous avez eu à supporter qui vous a rendue nerveuse.

— Oh ! oui... très... très nerveuse !

— Il ne faut pas y faire attention ; cela passera », dis-je, plein de bonté. Puis j'ajoutai avec résignation, car il me semblait réellement que je n'avais plus qu'à accepter la situation : « Eh bien ! c'est comme ça ! on n'y peut rien ! il faut que j'y renonce ! »

À ces mots, mon amie laissa échapper un gémissement sourd, les yeux fixés sur moi. Je continuai :

« Seulement, j'aurais infiniment préféré qu'elle les eût détruits ; il n'y aurait plus à en parler. Et je n'arrive pas à comprendre comment, avec ses idées, elle ne l'a pas fait.

— Oh ! elle en vivait ! dit miss Tina.

— Vous pouvez imaginer si ce que vous dites diminue mon désir de les voir, répliquai-je un peu moins désespéré. Mais je ne veux pas vous retenir ici davantage, comme avec l'espoir de vous amener à commettre quelque action basse. Bien entendu, vous le comprenez, je vous rends mes chambres, et je quitte immédiatement Venise. »

And I took up my hat, which I had placed on a chair. We were still there rather awkwardly, on our feet, in the middle of the sala. She had left the door of the apartments open behind her but she had not led me that way.

A kind of spasm came into her face as she saw me take my hat.

"Immediately—do you mean today?"

The tone of the words was tragical—they were a cry of desolation.

"Oh, no; not so long as I can be of the least service to you."

"Well, just a day or two more—just two or three days," she panted. Then controlling herself, she added in another manner, "She wanted to say something to me—the last day—something very particular, but she couldn't."

"Something very particular?"

"Something more about the papers."

"And did you guess—have you any idea?"

"No, I have thought—but I don't know. I have thought all kinds of things."

"And for instance?"

Et je pris mon chapeau, que j'avais posé sur une chaise. Nous étions toujours tous deux debout, assez gauchement, au beau milieu de la sala. Elle avait laissé la porte de son appartement ouverte derrière elle, mais ne m'avait pas mené de ce côté.

Un spasme étrange contracta ses traits quand elle me vit prendre mon chapeau.

« Immédiatement ? Voulez-vous dire aujourd'hui même ? »

Son ton était tragique : c'était un cri de douleur.

« Oh non ! je resterai aussi longtemps que je pourrai vous être de quelque utilité.

— Eh bien ! juste un jour ou deux encore ! juste deux ou trois jours », haleta-t-elle. Puis, se maîtrisant, elle reprit avec une tout autre manière : « Elle désirait me dire quelque chose de très personnel. Mais elle ne le put pas.

— Quelque chose de très personnel ?

— Quelque chose concernant encore les papiers.

— Et avez-vous pu deviner ? Avez-vous une idée ?

— Non, j'ai bien essayé de découvrir son intention, mais je ne sais pas. J'ai pensé à toutes sortes de choses.

— Par exemple ?

"Well, that if you were a relation it would be different."

"If I were a relation?"

"If you were not a stranger. Then it would be the same for you as for me. Anything that is mine—would be yours, and you could do what you like. I couldn't prevent you—and you would have no responsibility."

She brought out this droll explanation with a little nervous rush, as if she were speaking words she had got by heart. They gave me an impression of subtlety and at first I failed to follow. But after a moment her face helped me to see further, and then a light came into my mind. It was embarrassing, and I bent my head over Jeffrey Aspern's portrait. What an odd expression was in his face! "Get out of it as you can, my dear fellow!" I put the picture into the pocket of my coat and said to Miss Tita, "Yes, I'll sell it for you. I shan't get a thousand pounds by any means, but I shall get something good."

She looked at me with tears in her eyes, but she seemed to try to smile as she remarked, "We can divide the money."

— Eh bien ! que si vous étiez un parent, ce serait tout différent. »

Je cherchai à comprendre : un parent ?

« Si vous n'étiez pas un étranger, alors nous serions, vous et moi, sur le même pied. Tout ce qui est à moi serait à vous, et vous en feriez ce que vous voulez. Je ne pourrais pas vous en empêcher, et vous ne seriez responsable de rien. »

Elle débita cette drôle d'explication avec une hâte nerveuse, et comme si elle récitait des paroles apprises par cœur. Elles me donnèrent l'impression d'une subtilité dont je ne saisis pas toute la portée au premier moment ; mais, aussitôt après, son visage m'en révéla davantage et je me sentis illuminé par le plus singulier des éclaircissements. La situation était embarrassante, et je penchai la tête sur le portrait de Jeffrey Aspern. Quelle bizarre expression se lisait sur la figure : « Tire-toi de là comme tu pourras, mon garçon ! » Je mis le portrait dans la poche de mon veston, et je dis à miss Tina :

« Oui, je vous le vendrai. Je n'en trouverai certainement pas vingt-cinq mille francs, loin de là, mais ce sera quelque chose de sérieux. »

Elle me regarda au travers de pitoyables larmes, mais sembla tâcher de sourire en me répondant :

« Nous partagerons l'argent.

"No, no, it shall be all yours." Then I went on, "I think I know what your poor aunt wanted to say. She wanted to give directions that her papers should be buried with her."

Miss Tita appeared to consider this suggestion for a moment; after which she declared, with striking decision, "Oh no, she wouldn't have thought that safe!"

"It seems to me nothing could be safer."

"She had an idea that when people want to publish they are capable—"

And she paused, blushing.

"Of violating a tomb? Mercy on us, what must she have thought of me!"

"She was not just, she was not generous!" Miss Tita cried with sudden passion.

The light that had come into my mind a moment before increased.

"Ah, don't say that, for we ARE a dreadful race." Then I pursued, "If she left a will, that may give you some idea."

"I have found nothing of the sort—she destroyed it. She was very fond of me," Miss Tita added incongruously. "She wanted me to be happy.

— Non, non, il sera tout entier pour vous. » Puis je continuai : « Je crois que je sais ce que votre pauvre tante voulait dire. Elle voulait prendre des dispositions pour que ces papiers fussent ensevelis avec elle. »

Miss Tina sembla peser cette suggestion, après quoi, elle répondit avec une énergie saisissante :

« Oh non, elle n'aurait pas trouvé cela sûr !

— Il me semble que rien ne peut être plus sûr.

— Elle avait dans l'idée que, quand des gens veulent écrire, ils sont capables… »

Elle fit une pause, toute rouge.

« De violer une tombe ? Bon Dieu ! qu'a-t-elle bien pu penser de moi ?

— Elle n'était ni juste ni généreuse ! » s'écria ma compagne avec une passion soudaine.

La lueur qui avait commencé à pénétrer mon intelligence un moment auparavant s'épandit davantage.

« Ne dites pas cela, voyez-vous, car nous *sommes* une race épouvantable. » Puis je poursuivis : « Si elle a laissé un testament, vous pourrez y trouver une indication.

— Je n'ai absolument rien trouvé de ce genre, elle l'avait détruit. Elle m'aimait beaucoup, ajouta miss Tina, avec une inconséquence extrême. Elle désirait que je fusse heureuse.

And if any person should be kind to me — she wanted to speak of that."

I was almost awestricken at the astuteness with which the good lady found herself inspired, transparent astuteness as it was and sewn, as the phrase is, with white thread.

"Depend upon it she didn't want to make any provision that would be agreeable to me."

"No, not to you but to me. She knew I should like it if you could carry out your idea. Not because she cared for you but because she did think of me," Miss Tita went on with her unexpected, persuasive volubility. "You could see them — you could use them."

She stopped, seeing that I perceived the sense of that conditional — stopped long enough for me to give some sign which I did not give. She must have been conscious, however, that though my face showed the greatest embarrassment that was ever painted on a human countenance it was not set as a stone, it was also full of compassion. It was a comfort to me a long time afterward to consider that she could not have seen in me the smallest symptom of disrespect.

"I don't know what to do; I'm too tormented, I'm too ashamed!" she continued with vehemence. Then turning away from me and burying her face in her hands she burst into a flood of tears.

Et s'il se trouvait jamais quelqu'un qui me témoignât de la bonté… C'est de cela qu'elle voulait parler. »

J'étais quasi pétrifié du machiavélisme qui inspirait la bonne demoiselle, machiavélisme transparent, du reste, et cousu, comme on dit, de fil blanc.

« Vous pouvez compter qu'elle n'avait pas l'intention de laisser aucune disposition qui fût avantageuse pour moi.

— Non, pas pour vous, mais pour moi, si, absolument. Elle savait que je serai contente si vous arriviez à réaliser vos projets. Non pas qu'elle tînt à vous, mais parce qu'elle pensait à moi. » Et miss Tina allait, allait, avec une volubilité persuasive et inattendue. « Vous pourriez voir… les choses ; vous pourriez vous en servir. »

Elle s'arrêta, s'apercevant que j'avais saisi la signification du mode conditionnel ; elle s'arrêta assez longtemps pour me permettre de faire un geste, que je ne fis point. Elle devait avoir conscience, tout de même, que, bien que mon visage montrât le plus immense embarras qui se fût jamais peint sur une face humaine, il n'était pas de pierre, il reflétait la plus intense compassion. Ce me fut un réconfort, bien longtemps après, de penser qu'elle n'avait certes pu découvrir en moi le moindre symptôme d'irrespect.

« Je ne sais que faire, je suis trop malheureuse, trop honteuse ! » continua-t-elle avec véhémence. Puis, se détournant de moi, et cachant son visage dans ses mains, elle fondit en larmes.

If she did not know what to do it may be imagined whether I did any better. I stood there dumb, watching her while her sobs resounded in the great empty hall. In a moment she was facing me again, with her streaming eyes.

"I would give you everything—and she would understand, where she is—she would forgive me!"

"Ah, Miss Tita—ah, Miss Tita," I stammered, for all reply.

I did not know what to do, as I say, but at a venture I made a wild, vague movement in consequence of which I found myself at the door. I remember standing there and saying, "It wouldn't do—it wouldn't do!" pensively, awkwardly, grotesquely, while I looked away to the opposite end of the sala as if there were a beautiful view there.

The next thing I remember is that I was downstairs and out of the house. My gondola was there and my gondolier, reclining on the cushions, sprang up as soon as he saw me. I jumped in and to his usual "*Dove commanda?*" I replied, in a tone that made him stare, "Anywhere, anywhere; out into the lagoon!"

He rowed me away and I sat there prostrate, groaning softly to myself, with my hat pulled over my face. What in the name of the preposterous did she mean if she did not mean to offer me her hand?

Si elle ne savait que faire, on peut penser si je le savais davantage. Je demeurais muet, à la regarder pleurer, tandis que la grande salle résonnait de ses sanglots. Tout à coup, elle leva la tête vers moi, les yeux ruisselants :

« Je vous donnerais tout, tout ; là où elle est, elle comprendrait, elle me pardonnerait !

— Ah ! miss Tina ! miss Tina ! » balbutiai-je pour toute réponse.

Ainsi que je l'ai dit, je ne savais que faire, mais, à tout hasard, j'esquissai un vague mouvement désespéré qui m'amena près de la porte. Je me rappelle m'être tenu là, disant : « Ça ne se peut pas, ça ne se peut pas », le disant pensivement, gauchement, grotesquement, tout en regardant l'autre extrémité de la salle, comme si j'y découvrais quelque chose de très intéressant.

Immédiatement après, je me vois en bas, puis hors de la maison. Ma gondole était là et mon gondolier, étendu sur les coussins, bondit sur ses pieds aussitôt qu'il m'aperçut. Je sautai dedans et, à son habituel : *Dove comanda ?* je répondis d'un ton qui lui fit écarquiller les yeux : « N'importe où, n'importe où ; en pleine lagune ! »

Il m'enleva sur sa rame, et je m'assis, prostré, gémissant sourdement en moi-même, mon chapeau enfoncé sur mes yeux. Au nom de tout ce qu'il y a de plus absurde au monde, que signifiaient ses paroles, sinon l'offre de sa main ?

That was the price—that was the price! And did she think I wanted it, poor deluded, infatuated, extravagant lady? My gondolier, behind me, must have seen my ears red as I wondered, sitting there under the fluttering tenda, with my hidden face, noticing nothing as we passed—wondered whether her delusion, her infatuation had been my own reckless work.

Did she think I had made love to her, even to get the papers? I had not, I had not; I repeated that over to myself for an hour, for two hours, till I was wearied if not convinced. I don't know where my gondolier took me; we floated aimlessly about in the lagoon, with slow, rare strokes. At last I became conscious that we were near the Lido, far up, on the right hand, as you turn your back to Venice, and I made him put me ashore. I wanted to walk, to move, to shed some of my bewilderment.

I crossed the narrow strip and got to the sea beach—I took my way toward Malamocco. But presently I flung myself down again on the warm sand, in the breeze, on the coarse dry grass. It took it out of me to think I had been so much at fault, that I had unwittingly but nonetheless deplorably trifled.

C'était là le prix à payer ! c'était là le prix ! Et pensait-elle que je la désirais, sa main, l'aveugle, l'infatuée, l'extravagante pauvre dame ? Mon gondolier, derrière moi, devait voir rougir mes oreilles pendant que je débattais ces pensées, immobile, ma figure cachée sous la *tenda* flottante, ne voyant rien de ce que nous traversions — pendant que je me demandais si son illusion, son infatuation étaient l'œuvre de mon imprudence.

Pouvait-elle penser que je lui avais fait la cour pour obtenir d'elle les papiers ? Je ne la lui avais pas faite, non, mille fois non ; je me répétai cela à moi-même, une heure, deux heures durant, jusqu'à en être las, sinon convaincu. Je ne sais où me conduisit mon gondolier, sur la lagune ; nous flottions sans but à coups de rame lents et espacés. À la fin, je me rendis compte que nous étions près du Lido, très loin, sur la droite, quand on tourne le dos à Venise, et je me fis mettre à terre. J'avais besoin de marcher, de me secouer et de me débarrasser sur quelque chose de ma perplexité.

Je traversai l'étroite bande de terre et gagnai la plage, en me dirigeant vers Malamocco. Mais bientôt je me jetai tout de mon long sur le sable chaud, sur l'herbe sèche et touffue, dans la brise de mer. J'étais bouleversé à l'idée de me trouver en faute, à l'idée que j'avais inconsciemment, mais néanmoins déplorablement, joué avec un cœur.

But I had not given her cause—distinctly I had not. I had said to Mrs. Prest that I would make love to her; but it had been a joke without consequences and I had never said it to Tita Bordereau. I had been as kind as possible, because I really liked her; but since when had that become a crime where a woman of such an age and such an appearance was concerned?

I am far from remembering clearly the succession of events and feelings during this long day of confusion, which I spent entirely in wandering about, without going home, until late at night; it only comes back to me that there were moments when I pacified my conscience and others when I lashed it into pain. I did not laugh all day—that I do recollect; the case, however it might have struck others, seemed to me so little amusing. It would have been better perhaps for me to feel the comic side of it.

At any rate, whether I had given cause or not it went without saying that I could not pay the price. I could not accept. I could not, for a bundle of tattered papers, marry a ridiculous, pathetic, provincial old woman. It was a proof that she did not think the idea would come to me, her having determined to suggest it herself

Mais je ne lui avais donné aucune raison de me croire amoureux — non, véritablement aucune. J'avais dit à Mrs. Prest que je lui ferais la cour ; mais c'était une plaisanterie sans conséquence, et ma victime n'en avait jamais entendu parler. Je m'étais montré aussi bon que possible, parce que je me sentais vraiment de l'amitié pour elle, mais depuis quand pourrait-ce être considéré comme un crime, lorsqu'il s'agit d'une femme de cet âge et de cet extérieur ?

Je suis loin de pouvoir me rappeler clairement la suite des événements et des sentiments qui remplirent cette longue et confuse journée, que je passai entièrement à errer — je ne rentrai que tard dans la nuit. Il me revient seulement qu'à certains moments je parvenais à apaiser ma conscience, et qu'à d'autres je la torturais de mes reproches. Je ne ris pas une seule fois de la journée. Cela, je me le rappelle : quelque apparence qu'il revêtit aux yeux des autres, le cas me semblait, à moi, si peu amusant ! J'aurais mieux fait, peut-être, de le prendre du côté comique.

Enfin, en tout état de cause, que j'eusse ou non commis une faute, je n'en pouvais payer la rançon. Je ne pouvais accéder à l'offre de mariage. Je ne pouvais, pour une liasse de vieux papiers, épouser une ridicule et sentimentale vieille demoiselle de province. La preuve qu'elle n'avait aucun espoir que l'idée m'en vînt jamais, c'est qu'elle s'était décidée à me la suggérer elle-même —

in that practical, argumentative, heroic way, in which the timidity however had been so much more striking than the boldness that her reasons appeared to come first and her feelings afterward.

As the day went on I grew to wish that I had never heard of Aspern's relics, and I cursed the extravagant curiosity that had put John Cumnor on the scent of them. We had more than enough material without them, and my predicament was the just punishment of that most fatal of human follies, our not having known when to stop. It was very well to say it was no predicament, that the way out was simple, that I had only to leave Venice by the first train in the morning, after writing a note to Miss Tita, to be placed in her hand as soon as I got clear of the house; for it was a strong sign that I was embarrassed that when I tried to make up the note in my mind in advance (I would put it on paper as soon as I got home, before going to bed), I could not think of anything but "How can I thank you for the rare confidence you have placed in me?"

That would never do; it sounded exactly as if an acceptance were to follow. Of course I might go away without writing a word, but that would be brutal and my idea was still to exclude brutal solutions.

de quelle façon pratique, argumentative et héroïque ! avec, toutefois, une timidité plus frappante encore que son audace — car le raisonnement semblait être au premier plan, et le sentiment au dernier.

À mesure que le jour s'avançait, j'en arrivai à souhaiter n'avoir jamais entendu parler des reliques d'Aspern, et je maudis l'extravagante curiosité de Cumnor qui m'avait mis sur leur piste. Nous n'avions que trop de matériaux en dehors de ceux-là, et l'embarras où je me trouvais n'était que la juste punition de cette folie, la plus fatale des folies humaines : n'avoir pas su nous arrêter à temps. C'était très gentil de se dire qu'il n'y avait point d'embarras, qu'il existait un moyen bien simple de s'en tirer, que je n'avais qu'à quitter Venise par le premier train du matin, après avoir écrit un billet qui serait remis à miss Tina sitôt que je serais hors de la maison ; cependant mon embarras était tel, que lorsque j'essayai de composer le billet, par avance, afin qu'il fût bien à mon goût (je comptais l'écrire au net aussitôt que je serais rentré, avant de me coucher), je ne pus trouver autre chose que ceci : « Comment vous remercier de la rare confiance que vous m'avez témoignée ? »

Mais ça ne faisait pas du tout l'affaire ! ça donnait exactement l'impression qu'une acceptation allait suivre. Naturellement, je pouvais disparaître sans rien écrire du tout, mais c'était brutal, et je tenais encore à éviter toute solution brutale.

As my confusion cooled I was lost in wonder at the importance I had attached to Miss Bordereau's crumpled scraps; the thought of them became odious to me, and I was as vexed with the old witch for the superstition that had prevented her from destroying them as I was with myself for having already spent more money than I could afford in attempting to control their fate.

I forget what I did, where I went after leaving the Lido and at what hour or with what recovery of composure I made my way back to my boat. I only know that in the afternoon, when the air was aglow with the sunset, I was standing before the church of Saints John and Paul and looking up at the small square-jawed face of Bartolommeo Colleoni, the terrible *condottiere* who sits so sturdily astride of his huge bronze horse, on the high pedestal on which Venetian gratitude maintains him. The statue is incomparable, the finest of all mounted figures, unless that of Marcus Aurelius, who rides benignant before the Roman Capitol, be finer: but I was not thinking of that; I only found myself staring at the triumphant captain as if he had an oracle on his lips. The western light shines into all his grimness at that hour and makes it wonderfully personal.

À mesure que ma confusion et mes remords se calmaient, je n'en revenais pas de l'importance que j'avais attachée aux paperasses froissées de Juliana ; leur pensée me devint odieuse, et j'étais aussi vexé contre la vieille sorcière dont la superstition avait reculé devant leur destruction, que contre moi-même, qui avais déjà dépensé plus que je ne pouvais me le permettre, en essayant de me rendre maître de leur destinée.

Je ne me rappelle plus ce que je fis, où j'allai après avoir quitté le Lido, à quelle heure je me décidai à regagner mon bateau, ni quel degré de calme j'avais alors reconquis. Je sais seulement que, dans l'après-midi, quand l'air était embrasé par le couchant, j'étais devant l'église des Saints-Jean-et-Paul, regardant la petite tête aux mâchoires carrées de Bartolomeo Colleoni, le terrible *condottiere* si puissamment campé sur son cheval de bronze, au-dessus du haut piédestal où le maintient la reconnaissance de Venise. La statue est incomparable, la plus belle des figures équestres qui soit au monde, à moins que celle de Marc Aurèle, chevauchant, plein de bienveillance, sur la place du Capitole, ne lui soit encore supérieure.

Mais je ne pensais pas à tout cela ; je me trouvais simplement en contemplation devant le triomphant capitaine, comme si un oracle allait sortir de ses lèvres ; à cette heure du couchant, toute la violence sarcastique de l'homme éclate dans l'ardente lumière qui le rend si étonnamment vivant.

But he continued to look far over my head, at the red immersion of another day—he had seen so many go down into the lagoon through the centuries—and if he were thinking of battles and stratagems they were of a different quality from any I had to tell him of. He could not direct me what to do, gaze up at him as I might.

Was it before this or after that I wandered about for an hour in the small canals, to the continued stupefaction of my gondolier, who had never seen me so restless and yet so void of a purpose and could extract from me no order but "Go anywhere—everywhere—all over the place"? He reminded me that I had not lunched and expressed therefore respectfully the hope that I would dine earlier. He had had long periods of leisure during the day, when I had left the boat and rambled, so that I was not obliged to consider him, and I told him that that day, for a change, I would touch no meat. It was an effect of poor Miss Tita's proposal, not altogether auspicious, that I had quite lost my appetite.

I don't know why it happened that on this occasion I was more than ever struck with that queer air of sociability, of cousinship and family life, which makes up half the expression of Venice. Without streets and vehicles, the uproar of wheels, the brutality of horses, and with its little winding ways where people crowd together,

Mais il continua à regarder au loin, par-dessus ma tête, le rouge déclin d'un nouveau jour — il en avait tant vu, depuis des siècles, s'immerger dans la lagune —, et, s'il rêvait de batailles et de stratagèmes, ils étaient d'une qualité tout autre que ceux dont j'aurais pu l'entretenir. Je pouvais le contempler à loisir, il ne pouvait me donner aucun avis.

Était-ce avant ou après cela que j'errai une heure environ à travers les petits canaux, à la stupeur prolongée de mon gondolier qui ne m'avait jamais vu si remuant et pourtant si dépourvu de volonté, et ne pouvait extraire de moi un autre ordre que : « Allez n'importe où — n'importe où — à travers la ville » ? Il me rappela que je n'avais point déjeuné, et m'exprima respectueusement son espoir que cela me ferait peut-être dîner plus tôt. Comme il avait eu de longs moments de loisir l'après-midi, quand j'avais quitté le bateau pour marcher à l'aventure, je n'avais pas à me soucier de lui, et je lui dis que jusqu'au lendemain, pour certaines raisons, je ne goûterais d'aucune viande. C'était un effet de la proposition de miss Tina, effet d'assez mauvais présage : j'avais complètement perdu l'appétit !

Je ne sais comment il se fit qu'à cette occasion, je fus plus frappé que jamais de cette curieuse allure de cousinage, de sociabilité et de vie de famille qui est pour la moitié dans l'expression de Venise. Sans rues et sans véhicules, sans le bruit des roues ni la brutalité des chevaux, avec ses petites voies tortueuses où les gens s'attroupent à la moindre occasion,

where voices sound as in the corridors of a house, where the human step circulates as if it skirted the angles of furniture and shoes never wear out, the place has the character of an immense collective apartment, in which Piazza San Marco is the most ornamented corner and palaces and churches, for the rest, play the part of great divans of repose, tables of entertainment, expanses of decoration. And somehow the splendid common domicile, familiar, domestic, and resonant, also resembles a theater, with actors clicking over bridges and, in straggling processions, tripping along fondamentas. As you sit in your gondola the footways that in certain parts edge the canals assume to the eye the importance of a stage, meeting it at the same angle, and the Venetian figures, moving to and fro against the battered scenery of their little houses of comedy, strike you as members of an endless dramatic troupe.

I went to bed that night very tired, without being able to compose a letter to Miss Tita. Was this failure the reason why I became conscious the next morning as soon as I awoke of a determination to see the poor lady again the first moment she would receive me? That had something to do with it, but what had still more was the fact that during my sleep a very odd revulsion had taken place in my spirit.

où les voix résonnent comme dans les corridors d'une maison, où les passants circulent soigneusement comme pour respecter les angles d'un mobilier, et où les chaussures ne s'usent jamais, la ville donne l'impression d'un immense appartement collectif, dans lequel la place Saint-Marc est la pièce la plus ornée, et où les autres constructions, palais et églises, jouent le rôle de grands divans en repos, de tables de jeux de société, de motifs décoratifs. Et, en quelque façon aussi, le splendide domicile commun, familier, domestique et sonore, ressemble encore à un théâtre avec ses acteurs sautillant sur les ponts et trottinant le long des *fondamenti* en procession décousue. Tandis que vous demeurez assis dans votre gondole, les trottoirs qui, à certains endroits, bordent les canaux, prennent l'importance d'une scène, qui se présente sous l'angle habituel, et les personnages vénitiens, allant et venant devant le décor éraillé de leurs petites maisons de théâtre, vous représentent les membres d'une troupe dramatique infinie.

Je me couchai très fatigué ce soir-là, et incapable de composer mon épître à miss Tina. Était-ce cette reculade qui m'inspira le lendemain matin, dès mon réveil, l'honnête détermination d'avoir une entrevue avec la pauvre dame, aussitôt qu'elle voudrait bien me recevoir ? Elle y était pour une part, certainement, mais ce qui en avait une bien plus considérable, c'est que, pendant la nuit, la plus étrange révolution s'était opérée dans mon esprit.

I found myself aware of this almost as soon as I opened my eyes; it made me jump out of my bed with the movement of a man who remembers that he has left the house door ajar or a candle burning under a shelf.

Was I still in time to save my goods? That question was in my heart; for what had now come to pass was that in the unconscious cerebration of sleep I had swung back to a passionate appreciation of Miss Bordereau's papers. They were now more precious than ever, and a kind of ferocity had come into my desire to possess them. The condition Miss Tita had attached to the possession of them no longer appeared an obstacle worth thinking of, and for an hour, that morning, my repentant imagination brushed it aside.

It was absurd that I should be able to invent nothing; absurd to renounce so easily and turn away helpless from the idea that the only way to get hold of the papers was to unite myself to her for life. I would not unite myself and yet I would have them. I must add that by the time I sent down to ask if she would see me I had invented no alternative, though to do so I had had all the time that I was dressing. This failure was humiliating, yet what could the alternative be?

Je m'en rendis compte, à peine les yeux ouverts, et je sautai à bas de mon lit dans l'état d'esprit d'un homme qui se rappelle avoir laissé, la veille, la porte de sa maison ouverte, ou une bougie allumée au-dessous d'une planche.

Était-il encore temps de sauver mon bien ? Telle était la question que se posait mon cœur, car, dans la cérébralité inconsciente du sommeil, j'étais revenu à une appréciation passionnée du trésor de Juhana. Les pièces qui le composaient m'étaient devenues plus précieuses que jamais, et, dans mon besoin de les acquérir, il entrait maintenant une réelle, une positive férocité. La condition attachée par miss Tina à la réalisation de mon désir n'était plus qu'un obstacle qui ne valait pas la peine d'une réflexion, et pendant une heure, ce matin-là, mon imagination repentante la mit de côté.

Il était absurde que je fusse incapable de rien inventer ; absurde de renoncer si facilement et de se détourner du but, désemparé, parce que le seul moyen de devenir possesseur du trésor était de m'unir à elle pour la vie. Je pouvais ne pas m'unir à elle, et cependant posséder ce qu'elle possédait. Je dois ajouter qu'au moment où je lui envoyai demander de me recevoir, je n'avais encore découvert aucune autre solution, bien que je fisse durer ma toilette dans l'espoir d'une manifestation de mon génie. L'échec était humiliant, mais comment arriver à découvrir cette autre solution ?

Miss Tita sent back word that I might come; and as I descended the stairs and crossed the sala to her door—this time she received me in her aunt's forlorn parlor—I hoped she would not think my errand was to tell her I accepted her hand. She certainly would have made the day before the reflection that I declined it.

As soon as I came into the room I saw that she had drawn this inference, but I also saw something which had not been in my forecast. Poor Miss Tita's sense of her failure had produced an extraordinary alteration in her, but I had been too full of my literary concupiscence to think of that.

Now I perceived it; I can scarcely tell how it startled me. She stood in the middle of the room with a face of mildness bent upon me, and her look of forgiveness, of absolution, made her angelic. It beautified her; she was younger; she was not a ridiculous old woman. This optical trick gave her a sort of phantasmagoric brightness, and while I was still the victim of it I heard a whisper somewhere in the depths of my conscience: "Why not, after all—why not?" It seemed to me I was ready to pay the price. Still more distinctly however than the whisper I heard Miss Tita's own voice.

Miss Tina me fit dire que je pouvais venir ; et tandis que je descendais l'escalier et que je traversais la sala jusqu'à sa porte — cette fois-ci, elle me recevait dans le salon désolé de sa tante —, je souhaitai qu'elle ne crût pas que j'allais lui annoncer quelque chose de favorable. Certainement, elle aurait compris mon recul du jour précédent.

Aussitôt que j'entrai dans la chambre, je vis qu'il en était ainsi, mais je vis aussi quelque chose qui n'était pas dans mes prévisions. Le sentiment de son échec avait produit en la pauvre miss Tina une profonde altération, mais jusqu'ici j'avais été trop plein de mes stratagèmes et de mon butin possible pour y penser.

Je m'en aperçus maintenant ; je puis à peine dire quel fut mon saisissement. Elle se tenait debout au milieu de la chambre, avec un visage tout de douceur incliné vers moi, et son regard de pardon, d'absolution, la rendait angélique. Il l'embellissait ; elle était rajeunie, elle n'était plus une vieille femme ridicule ; un tour nouveau dans son expression, une sorte de magie venant de son âme, la transfiguraient, et pendant que je l'observais, j'entendis au tréfonds de ma conscience un vague murmure : « Pourquoi pas, après tout ? Pourquoi pas ? » Il me sembla que je pouvais payer le prix demandé. Plus distinctement encore que ce murmure s'éleva toutefois la voix de miss Tina.

I was so struck with the different effect she made upon me that at first I was not clearly aware of what she was saying; then I perceived she had bade me goodbye — she said something about hoping I should be very happy.

"Goodbye — goodbye?" I repeated with an inflection interrogative and probably foolish.

I saw she did not feel the interrogation, she only heard the words; she had strung herself up to accepting our separation and they fell upon her ear as a proof.

"Are you going today?" she asked. "But it doesn't matter, for whenever you go I shall not see you again. I don't want to."

And she smiled strangely, with an infinite gentleness. She had never doubted that I had left her the day before in horror. How could she, since I had not come back before night to contradict, even as a simple form, such an idea? And now she had the force of soul — Miss Tita with force of soul was a new conception — to smile at me in her humiliation.

"What shall you do — where shall you go?" I asked.

"Oh, I don't know. I have done the great thing. I have destroyed the papers."

Je fus si frappé par l'effet différent qu'elle produisait sur moi, que je ne saisis pas clairement tout d'abord ce qu'elle disait ; puis je compris qu'elle m'adressait un adieu — elle exprimait quelque chose comme des vœux de bonheur.

« Adieu — adieu ? » répétai-je avec une inflexion interrogative et sotte probablement.

Je vis qu'elle ne sentait pas le mode interrogatif, elle n'entendait que les mots ; elle avait dressé sa volonté à accepter notre séparation et mes paroles frappaient son oreille comme une preuve de plus.

« Partez-vous aujourd'hui ? demanda-t-elle ; mais d'ailleurs, cela ne fait rien ; car, à quelque moment que vous partiez, je ne vous reverrai plus. Je ne le désire pas. »

Et elle sourit étrangement, avec une douceur infinie. Elle n'avait pas douté un instant que je ne l'eusse, la veille, quittée avec horreur. Comment en aurait-elle douté, puisque je n'étais pas rentré avant la nuit pour détruire — rien que pour la forme même, par sentiment de simple humanité — une idée pareille ? Et maintenant, elle avait la force d'âme — miss Tina avec la force d'âme, c'était une conception nouvelle — de me sourire du fond de son humiliation.

« Que ferez-vous ? où irez-vous ? demandai-je.

— Oh ! je ne sais pas ; maintenant la grande chose est faite. J'ai détruit les papiers.

"Destroyed them?" I faltered.

"Yes; what was I to keep them for? I burned them last night, one by one, in the kitchen."

"One by one?" I repeated, mechanically.

"It took a long time—there were so many."

The room seemed to go round me as she said this, and a real darkness for a moment descended upon my eyes. When it passed Miss Tita was there still, but the transfiguration was over and she had changed back to a plain, dingy, elderly person.

It was in this character she spoke as she said, "I can't stay with you longer, I can't;" and it was in this character that she turned her back upon me, as I had turned mine upon her twenty-four hours before, and moved to the door of her room. Here she did what I had not done when I quitted her—she paused long enough to give me one look. I have never forgotten it and I sometimes still suffer from it, though it was not resentful.

No, there was no resentment, nothing hard or vindictive in poor Miss Tita; for when, later, I sent her in exchange for the portrait of Jeffrey Aspern a larger sum of money than I had hoped to be able to gather for her, writing to her that I had sold the picture,

— Détruit les papiers ? » Et j'attendis.

« Oui. Quelle raison y avait-il de les garder ? Je les ai brûlés, la nuit dernière, un à un, dans la cuisine.

— Un à un, répétai-je, en écho, froidement.

— Cela a pris longtemps. Il y en avait tant ! »

La chambre me parut tourner autour de moi, tandis qu'elle prononçait ces mots, et pour un instant, une nuit véritable obscurcit ma vue. Quand elle eut passé, miss Tina était toujours là, mais la transfiguration avait disparu, et elle était de nouveau changée en une médiocre personne, vieillissante et négligée.

Ce fut sous cette forme qu'elle me parla, en disant : « Je ne puis rester avec vous plus longtemps, je ne le puis » ; et ce fut sous cette forme qu'elle me tourna le dos, comme je le lui avais tourné vingt-quatre heures plus tôt, et se dirigea vers la porte de sa chambre. Là, elle fit ce que je n'avais pas fait en la quittant : une pause assez longue pour lui permettre de m'adresser un regard. Je ne l'ai jamais oublié, et quelquefois j'en souffre encore, bien qu'il ne décelât aucun ressentiment.

Non, il n'y avait pas de ressentiment, rien de dur ni de vindicatif dans la pauvre miss Tina ; car lorsque, plus tard, je lui envoyai, comme prix du portrait de Jeffrey Aspern, une somme plus considérable que je n'avais espéré pouvoir rassembler, en lui écrivant que j'avais vendu le portrait,

she kept it with thanks; she never sent it back. I wrote to her that I had sold the picture, but I admitted to Mrs. Prest, at the time (I met her in London, in the autumn), that it hangs above my writing table. When I look at it my chagrin at the loss of the letters becomes almost intolerable.

End

elle la garda avec des remerciements ; elle ne me la renvoya jamais. Je lui ai écrit que j'avais vendu le portrait, mais je confessai à Mrs. Prest, à ce moment-là — j'avais retrouvé cette autre amie à Londres, à l'automne — qu'il est suspendu au-dessus de mon bureau. Quand je le regarde, je puis à peine supporter la perte que j'ai faite — je veux dire la perte des précieux papiers.

Fin

*Impression CreateSpace
à Charleston SC, en octobre 2017.*

Imprimé aux États-Unis.

En couverture :
Edouard Manet,
«Palazzo da Mula, Venise » (1908)
National Gallery of Art, Washington, D.C. (USA).

Découvrez l'ensemble de nos ouvrages
sur notre site :

www.laccolade-editions.com

www.ingramcontent.com/pod-product-compliance
Lightning Source LLC
Chambersburg PA
CBHW030215170426
43201CB00006B/97